Goldmann Kochbücher

Weitere Goldmann-Taschenbücher
für die Advents- und Weihnachtszeit:

Ingeborg Acquistapace (Herausgeberin): Ihr Kinderlein, kommet. Geschichten, Gedichte und Lieder mit Noten (3803)

Ingeborg Acquistapace (Herausgeberin): O Tannenbaum, o Tannenbaum. Geschichten, Gedichte und Lieder mit Noten (3804)

Marianne Bernhard: Das große Advents- und Weihnachtsbuch (3801)

Alexandra Cordes (Herausgeberin): Die schönsten Weihnachtsgeschichten der Welt (3810)

Rita Danyliuk: Die Weihnachts-Back- und Bastelstube (3800)

Charles Dickens: Weihnachtserzählungen (3811)

Ursula Dotzler (Herausgeberin): Morgen kommt der Weihnachtsmann. Geschichten, Gedichte und Lieder mit Noten (3802)

Günter Goepfert (Herausgeber): Alpenländische Weihnacht. Texte aus Oberbayern, Österreich, Schwaben, der Schweiz und Südtirol (3812/26531)

Irmgard Krumbholz (Herausgeberin): O du fröhliche, o du selige. Geschichten, Gedichte und Lieder mit Noten (3805)

Irmgard Krumbholz (Herausgeberin): Stille Nacht, heilige Nacht. Geschichten, Gedichte und Lieder mit Noten (3807)

Ilse Obrig: Wir freuen uns auf Weihnachten. Das große Spiel- und Bastelbuch (3809)

Ingrid Schoefinius-Pfeiffer (Herausgeberin): Vom Himmel hoch. Geschichten, Gedichte und Lieder mit Noten (3808)

Ingrid Schoefinius-Pfeiffer (Herausgeberin): Weihnachtsbuch für Kinder. Zum Lesen und Vorlesen (3806)

Ursula Regnet
Helene von Lichtenfels

Großmutters gute Weihnachts-bäckerei

Backgeheimnisse
aus vergangenen Tagen

Wilhelm Goldmann Verlag

1. Auflage November 1970 · 1.– 15. Tsd.
2. Auflage Oktober 1974 · 16.– 25. Tsd.
3. Auflage Oktober 1975 · 26.– 40. Tsd.
4. Auflage Oktober 1976 · 41.– 55. Tsd.
5. Auflage Oktober 1977 · 56.– 75. Tsd.
6. Auflage Oktober 1978 · 76.– 93. Tsd.
7. Auflage Oktober 1980 · 94.–101. Tsd.

Made in Germany

Umschlagentwurf: Atelier Adolf & Angelika Bachmann, München
Fotos: Christian Teubner, Füssen/Allgäu
Illustrationen: Ulrike Heyne, Wolfsburg
Satz und Druck: Presse-Druck Augsburg
Verlagsnummer: 10103
Lektorat: Richter/Vosseler · Herstellung: Harry Heiß
ISBN 3-442-10103-4

Inhalt

Weihnachten beginnt ...

wenn der Duft von Zimt und Nelken, von Honigkuchen und Bittermandelöl das Haus durchstreicht von der Küche bis hinauf unters Dach und hinunter in den Keller.

Weihnachtlicher Auftakt für uns Kinder war es immer, wenn die Köchin die uralten Holzmodel für Marzipangebäck, Springerle und Printen aus der Weihnachtskiste holte. Im heißen Sodawasser wurden sie mit der Bürste ausgeschrubbt, unter dem fließenden Wasser kalt durchgespült und dann zum Trocknen und Lüften an das offene Fenster gestellt. Nach einigen Tagen ging es dann richtig los. Für die Kinder gab es allerhand zu tun: Mandeln abschälen, Zitronat und Orangeat in kleinste Würfelchen schneiden und Nüsse durch die Reibemaschine drehen. Der Lohn war süß! Hier blieb ein Stückchen Marzipan liegen, Rosinen, die der Stollen beim Backen »ausgespuckt« hatte, und immer wieder eine Teigschüssel zum Auslecken und Vorkosten der kommenden Genüsse.

Selbst in hochherrschaftlichen Häusern haben früher Mutter und Großmutter die Weihnachtsbäckerei selbst bereitet, keiner konnte es besser als sie. Rum und Arrak, Zimt und Nelken, Kardamom, Piment und Ingwer, bis zu diesem feierlichen Augenblick in kleinen Glasdöschen aufbewahrt, wurden abgewogen, und selbst die kleinsten Gewichte der Küchenwaage, 5-Gramm-Gewichtlein aus Messing oder ein winziger Silberpfennig – das waren

3 Gramm – wurden jetzt gebraucht. Das hatte ja seine Richtigkeit, denn im alten Kochbuch – von der Urgroßmutter schon mit steiler, feiner Schrift handgeschrieben – stehen nicht etwa runde Zahlen wie 200 Gramm oder $^1/_2$ Pfund, sondern genau 172 Gramm Mandeln mit 148 Gramm Butterschmalz »von feinster Qualität«.

Wir arbeiten heute mit einfacheren Maßen und Gewichten. Es gerät alles, wenn d a s nicht fehlt, was wohl als das wichtigste Ingredienz – nicht darstellbar in Zahlen und Gewichten – bei Großmutters Weihnachtsbäckerei zu nennen ist: Liebe, Geduld und Sorgfalt. Die Sorgfalt vor allem ließ unter Großmutters Händen diese feinen Leckereien entstehen, die Weihnachten mit ihrem Duft und Geschmack so herrlich umrahmen. In Großmutters Küche durfte kein Tröpfchen Zuckerguß neben das Plätzchen laufen, niemals ist es passiert, daß vielleicht Schalen unter den geriebenen Mandeln zu finden waren, und es wäre undenkbar gewesen, daß die Döschen mit den kostbaren Gewürzen auch nur einen Augenblick länger als notwendig offengeblieben wären. Die Plätzchen wurden nicht zu braun gebacken und nicht zu blond, denn zur Backzeit hat Großmutter die Küche nie verlassen. Und die Automatik, die wir heute in unseren Herden haben, saß in ihrer Nase. Hier gab es kein gerade noch gerettetes Blech, keine schwarzbraunen Mohren als Buttergebäck, sondern nur mondgelbe Vanillekipferl und goldene Butterblumen. Es gab keinen schnell zusammengemantschten Teig, der schließlich nur mit dem Stemmeisen vom Blech heruntergekratzt werden kann, es gab keine matte Glasur. Wie wunderschön waren die Lebkuchen verziert, da eine Haselnuß in der Mitte, dort weiße Mandeln zum Kränzchen geordnet! Auf den Zimtsternen durfte der bunte Zucker oder die Glasur nicht fehlen, und Punschringe mußten eben auf der einen Seite weiß, auf der anderen Seite tiefrosa glasiert sein, sonst wären weder die Zimtsterne Zimtsterne noch die Punschringe Punschringe gewesen. Der Geschmack allein tut's eben nicht bei der Weihnachtsbäckerei. Was köstlich schmeckt, soll obendrein noch nett aussehen.

Nicht vergessen!

Unter der Überschrift »Nicht vergessen!«, die der geneigte Leser vor jedem Rezept findet, sind nicht alle Zutaten aufgeführt. Nicht das Mehl, nicht der Zucker, die Butter oder die Eier, denn es ist selbstverständlich, daß diese Zutaten in den verschiedensten Mischungsverhältnissen immer die Basis des Gebäcks darstellen. Aber dann kommen die Besonderheiten! Nehmen wir Zimtsterne. Sie sind ein Mandelgebäck, das auch ohne Zimt sicher ausgezeichnet schmeckt. Aber erst der Zimt gibt dem Teig das besondere Etwas, eben das, wodurch sich ein Mandelgebäck von Zimtsternen unterscheidet. Rum ist die Besonderheit bei Rumkugeln. Kardamom das Gewürz, das einen Lebkuchen erst richtig nach Lebkuchen schmecken läßt. Natürlich kann man auch Lebkuchen ohne Kardamom backen, aber dann fehlt eben das Tüpfelchen auf dem i. Feinstes Buttergebäck wird nach dem Backen in Vanillezucker gewälzt, wie würde es schmecken, wenn man eben nur einfachen Zucker nehmen würde! Wer weiß schon, daß erst geriebene Zitronenschale nebst Zitronensaft, dem Teig beigefügt, Haselnüssen das spezifische Aroma verleiht. Springerle kann man auch mit Backpulver zum Treiben bringen, aber Pottasche, die man statt Backpulver dem Teig beigibt, läßt das Gebäck nicht nur locker werden, sondern liefert auch eine kleine Geschmacksbeigabe, die letzten Endes den ganz eigenen Geschmack der Springerle ausmacht. So halten wir es mit: **Nicht vergessen!**

Vorbereitungen zur Weihnachtsbäckerei

Wer vielerlei dieser kleinen und größeren Köstlichkeiten für das Weihnachtsfest zubereiten will, muß sich einen richtigen Schlachtenplan aufstellen. Zweierlei sollte besonders berücksichtigt und einkalkuliert werden: das Was und das Wann. Nichts ist lästiger, als wenn einem mitten in der Backerei der Zucker ausgeht oder ein Gewürz, das unbedingt erforderlich ist, wenn dann, wenn der Teig schon fertig dasteht, die Oblaten fehlen oder der Puderzucker für den Guß. Spätestens Mitte November streiche man sich alle Rezepte an, die man verwenden will, und gehe sie mit Bleistift und Papier versehen durch und notiere Rezept für Rezept die nötigen Zutaten. Dann weiß man für den Großeinkauf, wieviel Mandeln und Nüsse, wieviel Zucker, Honig und Gewürze man in etwa braucht, und alles ist im Haus, wenn die Backerei beginnt.

Nicht minder wichtig ist – gerade wenn man vielerlei Gebäck herstellen will – der richtige Zeitplan. Honigkuchen, an denen man sich die Zähne ausbeißt, weil sie zu kurz gelagert sind, sind keine erfreuliche Weihnachtsüberraschung. Buttergebäck, altbacken und nicht mehr mürbe, ist wiederum recht unerquicklich. Wir wollten damit sagen, daß manche Bäckereien, wie Lebkuchen, Springerle (Marzipanplätzchen), auch Stollen und Früchtebrot erst einige Zeit liegen müssen, bevor sie weich werden und das richtige Aroma entfalten, anderes Gebäck, vor allem die buttrigen Bäckereien, können wiederum nicht frisch genug sein.

So lege man möglichst die Hefebäckereien auf einen Tag zusammen, die Nuß- oder Mandelbäckereien auf einen anderen, wieder an einem anderen Tag ist das Gebäck an der Reihe, das auf Oblaten gebacken wird, die verschiedenen Sorten von Spritzgebäck sollten zusammengefaßt werden und auch solche Leckereien wie echtes Marzipan, Rumkugeln oder Nougatstangen, die nicht gebacken werden.

Zeitlich geschickt verteilen allerdings muß man Bäkkereien, die vor dem Backen über Nacht trocknen müssen, wie zum Beispiel Anislaibchen, Springerle, Pfeffernüsse u. a., denn man bräuchte unzählige Backbleche und Nudelbretter dafür, ganz abgesehen davon, daß man am anderen Tag schließlich auch nicht alles auf einmal backen kann.

Die Gewürze

Was wäre Weihnachten ohne den Duft der Gewürze, Zimt und Nelken, Anis, Kardamom und Vanille; sie und viele andere sind es, die ihr Aroma durch das weihnachtliche Haus verströmen und einen Vorgeschmack weihnachtlicher Freude vermitteln, noch lange bevor die Kerzen brennen. Weihnachtsbäckerei ohne Gewürze – das wäre wie eine Rose ohne Duft. Aber die aromatischen Gewürze müssen frisch sein, wenn sie ihre volle Wirkung entfalten sollen. Gemahlener Zimt vom letzten Jahr im Papiertütchen oder im offenen Glasschubládchen aufbewahrt, das ist kein Zimt mehr, mit dem man Lebkuchen und Zimtsterne würzen könnte. Das gilt vor allem für die gemahlenen Gewürze Zimt und Nelken, Kardamom, Muskatblüte, Anis und für die duftströmende Vanille. Darum kaufe man die Gewürze möglichst frisch; in kleinen, festverschlossenen Glasdosen werden sie heute angeboten, und man kaufe sie in Geschäften, wo sie nicht Jahre gelagert wurden. Und beim Würzen der Bäckereien halte man es nicht mit dem, der da glaubt, doppelt gegeben sei noch viel besser. Besonders sparsam sei man mit den sehr dominanten Nelken, die, wenn man zuviel davon nimmt, ein Gebäck schnell so überaromatisieren, daß es nur noch nach Nelken schmeckt. Und das soll schließlich nicht sein! Gewürze sollen den Geschmack des Gebäcks stützen, aber nicht völlig verdecken.

Anis

Der Anis unserer Weihnachtsbäckerei wird nicht aus der einheimischen Anispflanze gewonnen, sondern ist Sternanis, der im wesentlichen im Fernen Osten angebaut wird. Er ist ein hocharomatisches Gewürz, im Aussehen dem Kümmel ähnlich und wird wie dieser gemahlen oder im Korn verwendet. Er ist sehr dominant im Geschmack, und, meine ich, besser zu dosieren, wenn man ungemahlene Körnchen verwendet. Den Namen dieses Gewürzes tragen die berühmten Anislaibchen, die ein besonders leichtes und leicht verdauliches Gebäck sind. Unerläßlich ist Anis für Marzipanplätzchen, die beliebten Springerle, für das Memminger Zuckerbrot und vieles andere stark gewürzte Gebäck.

Ingwer

Ingwer wird aus den Seitenwurzeln einer schilfartigen Pflanze gewonnen, die in Ostasien angebaut wird. Sie enthalten ein scharfes, brennendes ätherisches Öl, das den spezifisch würzigen Geschmack von Ingwer ausmacht, den man möglichst nicht mit anderen stark aromatischen Gewürzen verwenden sollte, um den reinen Ingwer-Geschmack möglichst klar herauszubringen.

Vor allem in England wird Ingwer sehr viel verwendet, Gingercakes sind dort eine beliebte Spezialität, mit der man auch auf dem Festland Furore machen kann.

Kakao

Kakao ist zwar an sich kein Gewürz, trotzdem ist er vor allem in Verbindung mit Zucker und Fett eine köstliche Angelegenheit, und seinen Geschmack, der eine leichte Bitterkeit enthält, möchte man in vielen Gebäckarten und Glasuren nicht missen. Kakao, das sind die gemahlenen Bohnen der Kakaofrucht, die nur in tropischen Ländern gedeiht. Kakao ist nicht gleich Kakao, oder besser gesagt, nicht alles, was an Kakaopulver angeboten wird, ist guter Kakao oder von der Art, wie wir ihn für die Bäckerei brauchen. Guter Kakao ist schwach entölt, tiefbraun und nicht, wie bei den sogenannten Frühstücksschokoladenpulvern, mit Zucker versetzt.

Auch Kakao muß möglichst frisch sein und sollte nicht jahrelang in schlecht verschlossener Dose im Küchenschrank gestanden sein. Vor allem die nicht entölten Kakaopulver bekommen bei längerer Lagerung einen leicht ranzigen Geschmack, der besonders bei der Erhitzung deutlich zutage tritt.

Kardamom

Kardamom ist das eigentliche Lebkuchen- und Pfefferkuchengewürz. Kardamom wird aus den Samenkörnern einer auf den tropischen Gewürzinseln heimischen Pflanze, die dem Ingwer ähnlich ist, gewonnen. Sein voller Geschmack entwickelt sich erst bei der Erwärmung, darum muß man bei der Dosierung sehr vorsichtig sein. Seine wesentlichen Duftstoffe verlieren sich rasch bei falscher und langer Lagerung. Es ist darum ratsam, Kardamom immer besonders frisch zu kaufen und ihn nie von einem Weihnachtsfest zum anderen aufzuheben. Kardamom, in Papiertütchen verpackt, ist fast wertlos. Er muß immer in festverschlossener Dose oder im Glas aufbewahrt werden.

Muskat

Geriebene Muskatnüsse sind in der Küche ein oft gebrauchtes Gewürz. Die Muskatnüsse kommen aus dem tropischen Bereich der Gewürzinseln und sind die Kerne einer schalenumgebenen Nuß. Auch der Samenmantel, Macis oder Muskatblüte genannt, wird gemahlen und als ein der geriebenen Muskatnuß ähnlich schmeckendes Gewürz verwendet. Beides, Muskatnuß und Macis – das letztere schmeckt vielleicht etwas süßer – darf nur sehr sparsam verwendet werden, denn sie sind beide sehr geschmacksdominant. So recht am Fleck sind sie in allen drastisch gewürzten Lebkuchen und Pfefferkuchen und überall dort, wo man einen vielleicht zu milden Eigengeschmack aromatisieren kann.

Nelken

Neben Zimt sind die Gewürznelken wohl das älteste und typischste Weihnachtsgewürz. Der Nelkenbaum gedeiht im tropischen Westindien und birgt in sich wirklich den Duft des geheimnisvollen Orients. Verwendet werden die getrockneten Blütenknöspchen des Baumes. Ungemahlen geben wir sie als Würze in den Punsch, und manche Gemüse, wie Blaukraut, verlangen nach diesem Geschmack, auch verschiedene Wildgerichte. Gemahlen als Weihnachtsgewürz werden Nelken zu allen hochgewürzten Bäckereien verwendet. Man muß mit Nelken viel sparsamer umgehen als zum Beispiel mit Zimt. Dieses hocharomatische Gewürz wird meistens nur messerspitzenweise dem Teig beigegeben.

Piment

Piment ist im Geruch etwas den Nelken verwandt, birgt über ein starkes Aroma hinaus aber noch viel Schärfe in sich, so daß es ähnlich wie Pfeffer auch zu Fleisch und Fischgerichten verwendet werden kann. Heute ist Piment ein selten benütztes Gewürz, das nur in alten Rezepten, dem Kardamom ähnlich, zu scharf gewürzten Pfefferkuchen und Lebkuchen verwendet wird.

Vanille

Vanille wird aus der Frucht einer rankenden Orchidee gewonnen, die in den Urwäldern von Java, Madagaskar und Mexiko gedeiht. In der Nähe von Mauritius gibt es sogar die Vanilleinseln. Vanille bekommt man luftdicht verpackt in einem Glasröhrchen, ein dunkelbraunes Stengelchen, die sogenannte Vanilleschote. Sie ist weich und biegsam, und wenn man sie aufschlitzt, zeigen sich winzigkleine schwarze Körnchen. Kleingeschnitten gibt man die Vanilleschote in Kompotte, Puddings, und erst wenn sie richtig durchgekocht wird, entfaltet sie ihr starkes Aroma.

Was wir heute als Vanillezucker kaufen, ist Zucker, der mit einem chemischen Vanillearoma gewürzt wird und seinen Zweck voll und ganz erfüllt. Unsere Großmütter haben noch die aufgeschlitzte und feingeteilte Schote zusammen mit Zucker in einer gut verschlossenen Dose aufbewahrt und haben auf diese Weise den echten, feinduftenden Vanillezucker bekommen. Für Bäckereien ist Vanillezucker die geeignete Würze für alle zarten Gebäcke mit Butter und Mandeln.

Zimt

Zimt ist wohl das Weihnachtsgewürz, das am häufigsten verwendet wird. Dieser starke Aromaträger war schon im Altertum bekannt als Medizin und Räucherwerk und noch im Mittelalter unbezahlbar teuer. Zimt ist zunächst die Rinde der jungen Sprossen des Zimtbaumes, eines Lorbeergewächses, das vor allem in Indonesien und Ceylon gedeiht. Die braunen, getrockneten und gerollten Rindenstücke sind als Zimtstangen im Handel. Neben Nelkenknöspchen gibt man auch Zimtstangen in den Weihnachtspunsch; auch viele Kompotte bekommen, wenn eine Zimtstange mitgekocht wird, ein kräftiges Aroma. Gemahlener Zimt, nun das ist klar, sind gemahlene Zimtstangen. Auch hier gilt die alte Regel: Dieses gemahlene Gewürz verliert schnell seine besten Aromastoffe und darf nie im Papiertütchen, sondern nur in festverschlossenem Gläschen aufbewahrt werden, und soll nie von einem Jahr auf das andere aufgehoben werden, wenn es seine volle Würzkraft entfalten soll.

Zitronat und Orangeat

Zitronat und Orangeat, feingeschnitten, dem Gebäck beigegeben, verleihen ihm Aroma, Feuchtigkeit, und jeder freut sich, wenn im Stollen, im Mandelgebäck und Lebkuchen viel von diesen bittersüßen Zutaten zu finden ist. Leider Gottes ist das, was man heute unter Zitronat und Orangeat kauft, nicht mehr das, was es früher einmal war. Vor allem Zitronat wird heute durchaus nicht mehr aus Zitrone gemacht, sondern aus wesentlich größeren Citrusfrüchten.

Großmutters Köchin hat selbstverständlich diese beiden wichtigen Zutaten selbst gemacht, und das ist auch gar nicht so schwierig. Ungespritzte Orangen- und Zitronenschalen, die man nicht zu dünn in Hälften abgenommen hat – die Stücke sollen möglichst groß sein – werden ca. 3 Tage in kaltes Wasser gelegt, das man Tag für Tag erneuert. Dann werden sie in einen Topf gegeben und so viel Wasser dazu gegossen, daß man sie weichkochen kann. Sie sollen aber nicht ganz vom Wasser bedeckt sein, denn der Sud, der viele Geschmacksstoffe aufnimmt, soll nicht zu dünn sein, da er später wieder verwendet wird. Dann nimmt man die Schalen heraus und gibt in den Sud gewichtsmäßig soviel Zukker, wie man Schalen präparieren will. Der Zucker wird so lange im Sud gekocht, bis er Faden zieht, dann gibt man die Schalen wieder hinein und läßt alles noch einmal auf kleiner Flamme eine halbe Stunde durchkochen. Der Sud ist dann stark eingedickt und der Zucker beginnt sich abzusetzen. Schließlich nimmt man die Schalen heraus und schichtet sie in einen Steinguttopf. Zuletzt wird der eingedickte Sud darübergegossen und der Topf mit Zellophanpapier verschlossen. Nach drei oder vier Wochen sind die Schalen so weit kandiert, daß man sie, kleingeschnitten, dem Gebäck beigeben kann.

Rosinen, Weinbeeren, Sultaninen, Korinthen

Alle diesen süßen Gebäckzutaten sind ein und dasselbe: getrocknete Weinbeeren. Je nach Art und Herkunft – es werden weiße und blaue Trauben dafür verwendet – werden sie – auch in den verschiedenen Sprachräumen – unterschiedlich benannt. Korinthen zum Beispiel werden aus besonders kleinen blauen Weinbeeren gewonnen, bekannt sind die griechischen Korinthen von der Insel Zante. Korinthen sind, wie gesagt, besonders klein, getrocknet fast schwarz, und im Biß ein wenig bitter. Sultaninen sind hellgelb, kern- und stiellos und besonders groß und saftig. Rosinen, an und für sich die übergeordnete Bezeichnung für alle Weinbeeren, sind mittelgroß und dunkel.

Alle Rosinen, Korinthen etc. sind sehr lange haltbar, je »jünger« sie sind, desto saftiger sind sie auch, und darum beliebter. Es lohnt sich, Weinbeeren vor dem Backen in etwas Arrak, Rum oder Zitronensaft einzuweichen, das macht sie saftig und nimmt ihnen auch die etwas penetrante Süße. Zur besseren Haltbarkeit, auch des besseren Aussehens wegen, sind vor allem die großen Sultaninen manchmal geschwefelt. Der Schwefel ist selbstverständlich durch Waschen nicht entfernbar. In den Reformhäusern gibt es aber auch ungeschwefelte Weinbeeren zu kaufen.

Nüsse und Mandeln

Mit die besten und teuersten Bäckereien der Weihnachtszeit werden aus Mandeln, Hasel- und Walnüssen bereitet. Alle drei sind, vor allem Walnüsse und Haselnüsse, sehr ölhaltige Kerne, die leicht ranzig und dann bitter werden. Es passiert immer wieder, daß die Händler, vielleicht, weil die Nüsse gerade billig waren, sich große Vorräte zulegen und dann darauf sitzenbleiben. Man verlange darum für die Weihnachtsbäckerei unbedingt Nüsse und Mandeln aus der diesjährigen Ernte und probiere die Ware noch im Geschäft. Die frischesten Nüsse bekommt man durchs ganze Jahr zweifellos in den Reformhäusern. Mandeln werden ungeschält oder je nach Art des Gebäcks auch geschält verwendet. Das Schälen ist eine recht zeitraubende Angelegenheit. Zur Weihnachtszeit werden aber in einschlägigen Fachgeschäften die Mandeln auch geschält angeboten und es lohnt sich fast, den Mehrpreis zu bezahlen, denn man hat dann keinen Abfall mehr und jedenfalls Mandeln sehr guter Qualität. Man tut sich leichter mit dem Wiegen, kann die Masse genauer bestimmen und, was nicht unwichtig ist, diese weißen Mandeln sind sehr gut durchgetrocknet und lassen sich leichter verarbeiten als die Mandeln, die man zu Hause abzieht, die beim Mahlen meistens schmieren, wenn man sie nicht gut vortrocknet.

Mandeln, die man ungeschält verwendet, und Haselnüsse müssen vor dem Mahlen gut durchgesehen werden. Denn es könnten sich harte Schalenteile dazwischen befinden, die die Messer der Haushaltsmaschinen beschädigen würden.

Die Eier

Auch für die Eier gilt, was für alle anderen Zutaten wichtig ist: frisch müssen sie sein. Und es ist eine Fama, daß der üble Geruch eines nicht mehr ganz frischen Eies sich beim Backen verliert. Es lohnt sich, an jedes Ei nach dem Aufschlagen seine Nase zu halten, bevor man es in den Teig gibt, denn es ist schade, wenn durch ein einziges, vielleicht nicht mehr ganz frisches Ei der ganze Teig verdorben wird. Großmutters Köchin hat nie ein Ei direkt in den Teig gegeben, sondern vorher in eine Tasse, und es erst nach der Geruchsprobe verwendet.

Zum Eischnee sind auch noch einige Worte zu sagen. Gerade dann, wenn es unbedingt sein muß, will und will er manchmal nicht steif werden. Das Eiklar stallfrischer Eier läßt sich so schwer zu Schnee schlagen wie das Eiklar überalterter Eier. Ein alter Trick ist es, eine kleine Prise Salz oder ein paar Tropfen Zitronensaft ins Eiklar zu geben, bevor man es schlägt.

Die Schüssel, die man zum Eiweißschlagen verwendet, muß völlig sauber und ganz trocken sein, wenn der Schnee gelingen soll. Schon ein bißchen Eigelb im Eiklar verhindert das Steifwerden. Man fischt es am besten nicht mit einem Löffel, sondern mit der Hälfte einer Eierschale aus dem Eiklar heraus.

Butter und Butterschmalz

Wir haben in unseren Rezepten immer Butter und Butterschmalz verwendet. Nichts gegen Margarine, aber der feine Buttergeschmack, den wir am mürben Gebäck oder auch in den Hefeteigen so besonders lieben, ist bei der Verwendung von Margarine nicht völlig zu erreichen. Und schließlich ist ja auch nur einmal Weihnachten im Jahr. Und wer nun schon viel Geld ausgibt für Butter, sollte dann für die Bäckerei auch gleich frische Butter besorgen, sie ist nicht teurer als die alte. Butterreste, die schon wochenlang im Eisschrank liegen und wechselweise den Geschmack von Fisch, Speck und Käse angenommen haben, eignen sich nicht mehr dazu, das Gebäck mit dem unnachahmlich feinen und zarten Butteraroma zu würzen.

In manchen Rezepten ist Butterschmalz angegeben oder auch Butter und Butterschmalz. Zum Butterschmalz ist zu sagen, daß es auch frisch sein muß; vor allem bei unsachgemäßer Lagerung wird es schnell ranzig, und daß ranziges Schmalz durch Backen seinen fürchterlichen Geschmack verliert, ist wohl eines der schlimmsten und unausrottbarsten Küchenmärchen.

Zu diesem Zweigespann Butter–Butterschmalz sei auch noch zu sagen, daß Butter kein Butterschmalz ersetzt und Butterschmalz nicht die Butter. Sind beide im Rezept angegeben, muß man beide in den angegebenen Mengen verwenden. Wer statt Schmalz Butter nimmt, verringert die angegebene Fettmenge wesentlich, denn Butter enthält viel weniger reines Fett als Schmalz. Nimmt man statt Butter Schmalz, wird das Gebäck nicht unwesentlich überfettet.

Das Mehl

Griffiges oder glattes Mehl, das ist hier die Frage. Ich glaube aber, diese Frage sollte jede Köchin für sich selbst beantworten. Wichtiger ist dafür, daß das Mehl immer vor Gebrauch gesiebt wird. Das hat, möchte ich meinen, drei Gründe: 1. Mehl, vor allem wenn es kühl steht, wird manchmal klumpig. Durch das Sieben wird es fein und locker und läßt sich angenehmer verarbeiten. 2. Durch das Sieben – Großmutters Köchin hat das Mehl bei besonders feinen Bäckereien sogar zweimal gesiebt – kommt Luft zwischen das Mehl und erwärmt es. Besonders für Hefe- und Backpulverteige ist es unerläßlich, daß das Mehl vor Gebrauch leicht angewärmt wird. 3. Auch Mehlwürmer sind in der Zeit des technischen Fortschritts gar nicht so selten, wie man annehmen möchte, vor allem, wenn man das Mehl in offenen Küchenschubladen aufbewahrt. Und schließlich will man ja nicht unbedingt gebackene Mehlwürmer in Mandelherzen finden.

Für leichte Teige ist es ratsam, das Backmehl mit Stärkemehl, wie Maizena, zu untermischen. Wenn im Rezept nichts Besonderes angegeben ist, sollte der Anteil des Stärkemehls aber nicht mehr als $^1/_6$ der Gesamtmenge des Mehls betragen, denn Stärkemehl bindet stärker ab als gewöhnliches Mehl. Eher darf man bei Verwendung von Stärkemehl die Gesamtmenge etwas verringern. Verwendet man beide Mehlarten, müssen beide untereinander gesiebt werden. Kommt Backpulver in den Teig, siebt man Mehl und Backpulver zusammen.

Die Hefe

Hefe, diese unerläßliche Zutat zu einem saftigen Weihnachtsstollen, ist allbekannt. Gerade in den Bäckereien, die ihrer Schwere wegen – also fette Bäckereien mit viel Butter, Zucker und Eiern – viel Hefe brauchen, um aufzugehen, muß man danach sehen, daß die Hefe frisch ist. Hefe treibt auch noch, wenn die Ränder der Hefestückchen schon angekrustet sind; erst wenn sie völlig ausgetrocknet ist, ist die Treibkraft zerstört. Die Hefe, die wir zum Backen verwenden, besteht aus mikroskopisch kleinen einzelligen Pilzen, die bei Erwärmung eine Art Gärung verursachen. Hefe, die zu trocken gelagert wird, trocknet aus, und die Gärungspilze gehen kaputt. Daß die Hefe nicht mehr arbeitet, merkt man gleich daran, daß das Hefedämpfel oder der Vorteig nicht mehr aufgeht.

Viel schlimmer ist es aber, wenn man verdorbene Hefe, also Hefe, die schlecht oder falsch gelagert wurde und deswegen verschimmelt ist, für das Backwerk verwendet. Solche Hefe geht zwar noch auf, aber sie verdirbt den Geschmack des ganzen Kuchens. Frische Hefe besorge man sich am besten in einer Bäckerei und verwende sie noch am gleichen Tag oder nicht viel später. Wer Hefe unbedingt länger aufbewahren will, sollte sie im großen Stück in ein leicht feuchtes Tuch einschlagen, aber dann ja nicht in den Eisschrank legen, sondern in einen luftigen, kühlen Raum.

In Großmutters Küche wurde übrigens die Hefe nie

gleich mit Milch verrührt. Sie wurde in einem Schüsselchen zerdrückt, dann gab man ein paar Teelöffel Zucker darüber, der die Hefe zu einer dünnen Suppe auflöst. Erst dann wurde etwas Mehl zugefügt und mit lauwarmer Milch zum Dämpfel verrührt. Wichtig ist auch, daß man das Dämpfel nicht zu lange gehen lassen soll, also nicht zwei oder drei Stunden; 15 oder 20 Minuten genügen völlig.

Hirschhornsalz und Pottasche

Beide sind backpulverähnliche Treibmittel, die zu den Zeiten, als es noch kein handelsübliches Backpulver gab, viel gebraucht wurden. In modernen Kochbüchern sind sie nicht mehr häufig aufgeführt und meistens durch Backpulver ersetzt. Das ist aber nicht ganz richtig, denn beide haben einen für sie spezifischen Geschmack, den sie in feinsten Spuren auch dem Gebäck verleihen. Pottasche ist Kaliumkarbonat, Hirschhornsalz kohlensaures Ammonium, das früher aus gemahlenem Hirschgeweih gewonnen wurde. Diese Treibmittel sind vor allem gegeben bei Lebkuchen, Pfefferkuchen und Pfeffernüssen; Pottasche ist das klassische Treibmittel für Marzipanplätzchen, die beliebten Springerle. Die angegebene Dosierung muß streng eingehalten werden, vor allem darf man das Pulver nicht in heißem Wasser auflösen, denn dann verpufft die Treibkraft sofort. Man soll sich nicht daran stoßen, daß beide während der Backzeit stinken. Besonders Hirschhornsalz verbreitet einen gar nicht angenehmen Geruch, der aber nach dem Backen verfliegt, und das, was von ihm zurückbleibt, gehört zum eigenen Geschmack der Bäckereien, für die wir Hirschhornsalz verwenden.

Gebäck mit Honig oder Sirup und Lebkuchen

Aachener Printen

Nicht vergessen: Rübensirup, Zimt, Nelken, Kardamom, Orangeat

Ein Pfund Rübensirup mit 200 Gramm Zucker erhitzen, bis der Zucker zerlaufen ist, dann vom Feuer nehmen und bis zur Handwärme abkühlen lassen. In dieses Sirupgemisch gibt man 2 Teelöffel Zimt, 2 Teelöffel Kardamom, einen Teelöffel gemahlene Nelken, eine Prise Salz, ein Viertelpfund feinst geschnittenes Orangeat und zuletzt 2 Pfund mit 2 Päckchen Backpulver gesiebtes Mehl. Falls die Sirupmasse das Mehl nicht ganz aufnehmen kann, gibt man so viel lauwarme Milch dazu, daß sich ein geschmeidiger, aber fester Teig kneten läßt. Im kühlen Raum läßt man diesen Teig 2 bis 3 Tage ruhen. Schließlich wird er etwa 4 mm dick ausgerollt und in längliche Printen geschnitten, oder mit den eigenen Printenformen ausgestochen. Die ausgestochenen Printen legt man auf ein eingefettetes Blech und läßt sie dort noch einmal über Nacht antrocknen. Unmittelbar vor dem Backen bepinselt man sie mit Rübensirup, den man mit Wasser etwas verdünnt hat. Die Printen werden im vorgeheizten Rohr bei etwa 180 Grad ungefähr 25 Minuten lang nicht zu stark durchgebacken. Der vor dem Backen aufgetragene, verdünnte Sirup verleiht ihnen einen schönen dunkelbraunen Glanz, man kann die Printen aber auch mit einer Glasur aus Puderzucker und Rum überziehen und mit buntem Zucker verzieren. Auch bittere Schokoladenglasur kann genommen werden.

Sirupschnitten

Nicht vergessen: Zimt, Nelken, Kardamom, Anis, Zitronat, Orangeat, Kakao, Malzkaffee, Hirschhornsalz

Ein Pfund Rübensirup läßt man mit einem Pfund Zukker aufkochen und gibt einen Eßlöffel Zimt, einen halben Teelöffel Nelken, einen Teelöffel Kardamom, einen Teelöffel Anis, einen Eßlöffel Kakao, 100 Gramm feingehacktes Zitronat, 100 Gramm feingehacktes Orangeat und 100 Gramm feingehackte Haselnüsse dazu. Den gewürzten Sirup läßt man bis zu Handwärme abkühlen und gibt dann 50 Gramm zerlassene Butter und einen guten Viertelliter sehr starken Malzkaffee dazu und verrührt alles kräftig. Schließlich werden 10 Gramm Hirschhornsalz in etwas lauwarmem Wasser aufgelöst und daruntergezogen und das Ganze mit einem Kilo Mehl verknetet. Der Teig ist ziemlich klebrig, man kann ihn nicht ausrollen, sondern drückt ihn mit feuchten Händen etwa fingerdick auf ein gefettetes Blech. Er wird bei milder Hitze im vorgeheizten Rohr etwa 35 Minuten gebacken, noch heiß mit dünner Glasur bestrichen und in Rauten geschnitten. Die zunächst harten Sirupschnitten müssen auch einige Tage liegen, bis sie weich werden.

Baseler Leckerli

Nicht vergessen: Zitronat, Orangeat, Zimt, Nelken, Zitronenschale, Kirschwasser

In einer geräumigen Schüssel werden 2 1/2 Pfund Mehl warmgestellt. In der Zwischenzeit bringt man ein Pfund Bienenhonig, ein Pfund Kunsthonig, ein Pfund Zucker, 200 Gramm feingeschnittenes Zitronat, 200 Gramm Orangeat, 350 Gramm feingehackte (nicht geriebene) Mandeln oder Haselnüsse, 2 Teelöffel Zimt, eine Messerspitze Nelken und die abgeriebene Schale einer Zitrone in einem Tiegel zum Kochen. Kochend gibt man das Gemisch über das Mehl, mischt 2 Gläschen Kirschwasser dazu und verknetet die Masse noch warm auf dem Nudelbrett. Wenn der Teig kalt geworden ist, läßt er sich kaum mehr verkneten, darum ist es angebracht, immer nur einen Teil des Teiges durchzukneten und den anderen noch warmzustellen. Aus dem möglichst noch lauwarmen, gut durchgearbeiteten Teig, den man nicht zu dünn ausgerollt hat, werden mit Förmchen Leckerli ausgestochen und auf ein gut gefettetes Blech gelegt. Auf dem Blech läßt man die Leckerli im warmen Raum über Nacht stehen. Baseler Leckerli werden bei etwa 200 Grad im Rohr gebacken und noch warm mit leichter Zuckerglasur bestrichen.

Böhmische Lebkuchen

Nicht vergessen: Zwetschgenmus (Povidl), Zimt, Nelken, Zitronenschale, Hirschhornsalz, Muskatnuß, Zwetschgenwasser

Ein Pfund Honig wird mit einem halben Pfund Zukker, einer Messerspitze Nelken, 2 Teelöffeln Zimt und einer halben, abgeriebenen Zitronenschale aufgekocht und darin ein halbes Pfund feingehackter Haselnüsse gebräunt. (Das Gemisch darf aber nicht anbrennen, also immer rühren und auf nicht zu starke Hitze achten!) Nun gibt man in eine große Schüssel 750 Gramm Mehl und den kochenden Honig mit den Gewürzen und den darin gebräunten Nüssen. Wenn das Ganze etwas abgekühlt ist, vermischt man alles mit einem Teelöffel in lauwarmem Wasser aufgelöstem Hirschhornsalz und verknetet auf dem Nudelbrett alles zu einem griffigen Teig. Diesen Teig läßt man nicht auskühlen, sondern wellt ihn noch lauwarm 1 cm dick aus und bäckt ihn im ganzen auf dem Blech bei mittlerer Hitze im vorgewärmten Rohr etwa 25 Minuten. In der Zwischenzeit wird dickes Zwetschgenmus (Povidl) mit 2 bis 3 Gläschen Zwetschgenwasser und einer Messerspitze Muskatnuß durchgerührt. Der fertiggebackene Teig wird noch heiß in kleine, gleichmäßige Rauten geschnitten, je zwei mit Zwetschgenmus gefüllt und, wenn sie ausgekühlt sind, mit Zuckerguß überzogen.

Elisenlebkuchen

Nicht vergessen: Farinzucker, Zimt, Zitronenschale, Orangeat

6 ganze Eier werden mit einem Pfund braunem Zucker eine halbe Stunde schaumig gerührt. In diesen Eischaum gibt man einen gehäuften Eßlöffel Zimt, die abgeriebene Schale von zwei Zitronen, ein Viertelpfund kleinst geschnittenes Orangeat und zuletzt ein Pfund nicht abgezogene, geriebene Mandeln. Dieser Teig wird etwa 1 cm hoch auf große runde Oblaten aufgestrichen und über Nacht in einem warmen Raum zum Trocknen gestellt. Bei milder Hitze werden die Elisenlebkuchen am nächsten Tag mehr getrocknet als gebacken. Nach dem Auskühlen bestreicht man die Lebkuchen mit einer Glasur, für die man 200 Gramm Puderzucker mit zwei geschlagenen Eiklar und einem Eßlöffel Zitronensaft 20 Minuten lang gerührt hat. Bevor die Glasur angetrocknet ist, gibt man bunten Streuzucker darauf.

Honigkuchen

Nicht vergessen: Farinzucker (brauner Zucker), Zimt, Nelken, Kardamom

In einem Tiegel wird ein Pfund Honig mit 500 Gramm Farinzucker, einem Teelöffel Zimt, einer Messerspitze Nelken und einer Messerspitze Kardamom so weit erhitzt, daß sich der Zucker im Honig auflöst. Dieses Zucker-Honig-Gemisch läßt man etwas abkühlen und gibt dann 6 ganze Eier, 2 Pfund mit 2 Päckchen Backpulver gemischtes Mehl dazu und trägt den Teig etwa 2 cm dick auf ein mit Pergament oder Folie ausgelegtes Blech auf. Bei mittlerer Hitze von etwa 200 Grad wird dieser Teig langsam gebacken und noch heiß mit sogenanntem Honigwasser bestrichen. Dafür löst man 2 Eßlöffel Honig in einer halben Tasse heißem Wasser auf und bestreicht damit den heißen Kuchen, der sofort in kleine Stückchen geschnitten wird.

Honigleckerle

Nicht vergessen: Zimt, Nelken, Zitronat, Orangeat, Muskatnuß

200 Gramm Honig mit 280 Gramm Zucker so weit warm werden lassen, daß der Zucker zerschmilzt. Nach dem Auskühlen 150 Gramm abgezogene, geriebene Mandeln dazugeben, 150 Gramm feingeschnittenes Zitronat, 150 Gramm Orangeat, eine Messerspitze Zimt, eine Prise Nelken, eine Prise Muskatnuß, 3 ganze Eier und 300 Gramm mit einem Teelöffel Backpulver gesiebtes Mehl. Die Zutaten werden alle zu einem festen Teig verarbeitet, den man über Nacht im warmen Raum ruhen läßt. Am anderen Tag walkt man den Teig etwa 3 mm dick aus und sticht ihn mit Förmchen aus. Auf gut gefettetem Blech bäckt man die Honigleckerle bei milder Hitze.

Kaffeelebkuchen

Nicht vergessen: Nescafé, Orangeat, Zitronat, Zimt, Nelken, Zitronenschale, Pottasche, Kardamom

Ein Pfund Honig läßt man in einem Tiegel zerfließen und gibt ein halbes Pfund Zucker dazu. Beides wird so lange erhitzt, bis auch der Zucker zerlaufen ist. Dann gibt man 100 Gramm nicht abgezogene, gehackte Mandeln hinein, 3 Eßlöffel Nescafépulver, 50 Gramm Zitronat, 50 Gramm Orangeat, 1/8 Butter, einen Teelöffel Zimt, einen Teelöffel Kardamom, eine Messerspitze Nelken und die abgeriebene Schale einer halben Zitrone. Wenn der Teig etwas abgekühlt ist, rührt man ein großes Ei darunter und einen Teelöffel in etwas lauwarmem Wasser aufgelöste Pottasche. Zuletzt wird knapp ein Kilo Mehl hineingeknetet und der Teig so lange verarbeitet, bis er eine glatte, speckig glänzende Masse ist. Dann gibt man den Teig in eine mit Mehl ausgestäubte Schüssel, deckt die Schüssel ab und stellt sie für 8 Tage an einen warmen Platz. Dann wird der Teig etwa fingerdick ausgerollt, in lebkuchengroße Stücke geschnitten und auf gewachstem Blech bei milder Hitze gebacken. Nach dem Auskühlen kann man die Kaffeelebkuchen mit dünnem Zuckerguß glasieren oder mit einem Schokoladeüberzug (man nehme hier im Wasserbad zerlaufene, gute, bittere Mokkaschokolade) überziehen.

Lebkuchenhaus

Nicht vergessen: Zimt, Nelken, Muskatnuß, Zitronenschale, Hirschhornsalz, Zahnstocher!

Ein Pfund Honig mit einem halben Pfund Zucker heiß werden lassen und darin ein halbes Pfund feingeschnittene Haselnüsse »rösten«. Dieses Gemisch läßt man bis zu Handwärme auskühlen, gibt dann ein ganzes Ei hinein, einen Teelöffel Zimt, einen halben Teelöffel Nelken, einen halben Teelöffel geriebene Muskatnuß und die abgeriebene Schale einer halben Zitrone. Schließlich löst man 2 Teelöffel Hirschhornsalz in einem Eierbecher voll lauwarmem Wasser auf, gibt es in den Teig und verknetet das Ganze mit $1^1/_2$ Pfund Mehl zu einem festen Teig. Diesen Teig walzt man auf dem Nudelbrett etwa kleinfingerdick aus und bäckt die Teigplatte auf dem Blech bei mittlerer Hitze vorsichtig etwa 20 bis 25 Minuten. Der Teig darf nicht zu braun werden, sonst ist er nach dem Backen nicht mehr so leicht verarbeitbar.

Eile tut not, wenn man aus der blechgroßen Teigplatte, die fertig gebacken aus dem Rohr kommt, ein Lebkuchenhaus machen will, denn man kann den Teig nur so lange schneiden, wie er heiß ist. Vielleicht macht man sich vorher einen Plan oder eine Schablone aus Pappkarton, nach der man den Lebkuchenteig zuschneidet. Klar ist jedenfalls: man braucht 2 flache, rechteckige Seitenstücke, je 1 breitgiebelige Front- bzw. Rückseite und ein großes rechteckiges Stück, den Giebeln entsprechend, in der Mitte durchgebogen, als Dach. Ein Schornsteinloch wird herausgeschnitten, ebenso die Türe der Vorderseite und die Fenster in den seitlichen Wänden. Dann stellt man das Haus lose zusammen und befestigt die Frontseiten horizontal mit je zwei Zahnstochern an den Seitenteilen, das Dach biegt man in der Mitte durch und legt es dem Giebelwinkel entsprechend über das schon befestigte Unterhaus. Jetzt ist die Hauptsache schon getan. Wenn der Teig ausgekühlt ist, steht das Häuschen fest. Nun kann man es mit Zuckerguß und Schokoladeplätzchen verzieren; ggfs. kann man die »Nahtstellen« auch mit Eiweißzuckerglasur zusammenkleben.

Zum Zuckerguß schlägt man 2 Eiklar sehr steif und gibt so viel Puderzucker darunter, daß eine dickcremige Glasur entsteht. Mit dieser Glasur überzieht man das Dach, klebt Schokoladeplätzchen hinein, auch an den Frontwänden kann man diese schnelltrocknende Glasur als Klebstoff für bunte Kringel und Plätzchen benützen. Wenn diese Zuckerglasur dick genug angerührt ist, läßt man sie am Ende noch etwas über den Dachrand tropfen, und es bilden sich die schönsten Eiszapfen.

Beim Verzieren eines Lebkuchenhäuschens sind der Phantasie keine Grenzen gesetzt.

Lebkuchen mit Haselnüssen

Nicht vergessen: Zitronenschale

Ein Pfund frische Haselnüsse werden gemahlen. Dann wird ein Pfund Zucker mit 7 Eiern schaumig gerührt. Die schaumig gerührten Eier werden mit den geriebenen Haselnüssen und 2 Eßlöffeln Maizena sanft vermengt und mit der abgeriebenen Schale und dem Saft einer Zitrone gewürzt. Der fertige Teig wird auf mittelgroße, viereckige Oblaten gestrichen und eine Nuß mittendrauf gesetzt. Im vorgeheizten Rohr werden die Lebkuchen mit Haselnüssen bei etwa 150 Grad milder Hitze eine halbe Stunde lang gebacken. Noch heiß bestreicht man sie mit einem ganz dünnen Zuckerguß.

Schokoladenlebkuchen

Nicht vergessen: Eine 100-Gramm-Tafel halbbittere Schokolade, Vanillezucker

6 Eiklar werden zu steifem Schnee geschlagen und mit 400 Gramm Zucker und einem Päckchen Vanillezucker eine halbe Stunde lang – wenn man es mit der Hand macht – schaumig gerührt. Dann gibt man 150 Gramm ungeschält gemahlene Mandeln und 100 Gramm geriebene Schokolade (nicht Kakao!) dazu. Diesen Teig streicht man auf viereckige, mittelgroße Oblaten und bäckt bei milder Hitze eine halbe Stunde. Die Lebkuchen werden, wenn sie erkaltet sind, mit einem Guß aus zerlassener Qualitätsschokolade überzogen und mit Mandelsplittern aus abgezogenen Mandeln verziert.

Liegnitzer Bomben

Nicht vergessen: Zimt, Nelken, Kardamom, Piment, Zitronat, Jamaika-Rum, Kakao, Korinthen

Ein Pfund Honig mit einem dreiviertel Pfund Zucker bei milder Hitze zerfließen lassen und 200 Gramm Butter darunterrühren. Das Gemisch läßt man auskühlen und gibt dann einen Teelöffel Zimt, einen Teelöffel Kardamom, eine Messerspitze Piment, einen halben Teelöffel Nelken, 200 Gramm Korinthen, 200 Gramm feinst geschnittenes Zitronat, 200 Gramm abgezogene, fein gehackte Mandeln, 6 Eßlöffel Jamaika-Rum, 100 Gramm Kakao dazu und rührt alles kräftig durch.

In einer Schüssel werden dann 7 Eiklar geschlagen, die 7 Eidotter unter den Eischnee gerührt und das gewürzte Zuckergemisch nach und nach daruntergegeben. Dieser Teig wird mit knapp 750 Gramm, mit einem Päckchen Backpulver durchgesiebtem Mehl zu einem dickflüssigen Teig verarbeitet. Dieser Teig wird dann in die kleinen, speziellen Förmchen für Liegnitzer Bomben gefüllt und bei mittlerer Hitze etwa eine Stunde lang gebacken. Nach dem Abkühlen werden die Liegnitzer Bomben mit einem Schokoladenguß aus zerlassener Markenschokolade überzogen.

Marzipankringel

Nicht vergessen: Zimt, Piment, Marzipan

Ein halbes Pfund Honig wird mit 150 Gramm Zucker so lange erhitzt, bis sich der Zucker im Honig aufgelöst hat. Dann stellt man das Gemisch zum Auskühlen, rührt dann 3 Eier darunter, einen Teelöffel Zimt, einen halben Teelöffel Piment und knapp $1^1/_2$ Pfund mit einem halben Päckchen Backpulver gesiebtes Mehl. Diesen Teig knetet man kräftig durch und läßt ihn eine halbe Stunde lang zugedeckt kühl stehen. Auf dem Nudelbrett wird er dann einen halben Zentimeter dick ausgerollt und in 10 cm lange und 8 cm breite Vierecke geschnitten. Marzipanmasse, auch etwa einen halben Zentimeter dick, legt man im gleichen Maß darauf und rollt Teig und Marzipan der Länge nach ein. Diese Rouladen schneidet man dann in etwa 1 cm dicke Stücke und legt sie auf passende Oblaten. Sie werden bei milder Hitze von ca. 180 Grad im vorgeheizten Rohr etwa eine halbe Stunde lang gebacken und können nach dem Auskühlen mit Zucker- oder Schokoladenglasur überzogen werden.

Nürnberger Lebkuchen

Nicht vergessen: Zitronenschale, Zitronat, Vanillezukker, Nelken, Zimt, Kardamom

5 ganze Eier werden mit einem halben Pfund Zucker und 2 Päckchen Vanillezucker schaumig gerührt – mit der Hand dauert das mindestens eine halbe Stunde. In diesen Zuckerschaum gibt man 100 Gramm feinst geschnittenes Zitronat, einen halben Teelöffel Kardamom, einen Teelöffel Zimt, eine Messerspitze Nelken und die abgeriebene Schale einer Zitrone. Dann werden ein halbes Pfund abgezogene, geriebene Mandeln und 300 Gramm Mehl, das mit einem Teelöffel Backpulver durchgesiebt wurde, unter den Teig gemischt. Der Teig wird fingerdick auf mittelgroße viereckige oder runde Oblaten gestrichen und bei 170 Grad im vorgewärmten Rohr etwa 20 Minuten lang gebacken. Ausgekühlt bestreicht man die Nürnberger Lebkuchen mit einem dünnen Zuckerguß oder mit im Wasserbad erwärmter zartbitterer Schokolade.

Pfefferkuchen

Nicht vergessen: Kardamom, Nelken, Zimt, Piment, Honig

In einem großen Tiegel werden 650 Gramm Honig und ein halbes Pfund Zucker so weit erhitzt, daß sich der Zucker im Honig völlig auflöst. Dann nimmt man den Tiegel vom Feuer, läßt den Honig-Zucker etwas abkühlen und gibt ein Viertelpfund Butter und ein Viertelpfund Butterschmalz dazu, 2 ganze Eier, einen Teelöffel Zimt, einen Teelöffel Kardamom, einen Teelöffel gemahlene Nelken, einen halben Teelöffel Piment und 2 Teelöffel in etwas lauwarmem Wasser aufgelöste Pottasche. Das Ganze wird noch einmal kräftig verrührt und schließlich 2½ Pfund Mehl daruntergeknetet, das je zur Hälfte aus Roggenmehl und Weizenmehl bestehen soll. Dieser Teig wird so lange verknetet, bis er speckig glänzt, kommt dann in eine geräumige Schüssel, wird abgedeckt und soll nun mindestens 14 Tage lang an einem warmen Platz ruhen. Dann werden aus dem Teig gut kirschgroße Kugeln geformt und bei milder Hitze herausgebacken. Man kann den Teig auch ausrollen, in Formen ausstechen, in Rauten schneiden oder auch den Teig im ganzen etwa 1 cm dick ausrollen, auf dem Blech backen und noch warm in kleine Vierecke schneiden. Pfefferkuchen versieht man noch warm mit einer dünnen Punschglasur – Puderzucker mit einigen Teelöffeln Rum oder Arrak glattrühren und mit dem

Pinsel aufstreichen. Pfefferkuchen müssen erst 10 Tage liegen, bis sie weich werden.

In luftdicht verschlossener Dose aufbewahrt, sind Pfefferkuchen ein Jahr haltbar und frisch.

Schwarze Honiglebkuchen

Nicht vergessen: Kakao, Zimt, Nelken, Kardamom, Hirschhornsalz

In einem Tiegel wird ein halbes Pfund Honig mit einem halben Pfund Zucker erhitzt und darin ein Viertelpfund grob gehackte Haselnüsse geröstet. In die noch heiße Masse gibt man 100 Gramm Kakao, 2 Teelöffel Zimt, einen Teelöffel Kardamom und läßt alles etwas abkühlen. In der Zwischenzeit löst man einen Teelöffel Hirschhornsalz in einer halben Tasse lauwarmem Wasser auf und gibt es in die ausgekühlte Honigmasse; sie soll nicht kalt, sondern gerade lauwarm sein. Zuletzt knetet man 400 Gramm Mehl darunter und rollt den Teig gut fingerdick aus. Man bäckt ihn in großen Fladen und schneidet diese Fladen noch heiß in Rauten. Ausgekühlt bestreicht man sie mit dünner Zuckerglasur und läßt sie im kühlen Raum mindestens 14 Tage liegen, bis sie lebkuchenweich geworden sind.

Weinbeißer

Nicht vergessen: Zimt, Nelken, Zitronenschale, Orangenschale

Ein Pfund Kunsthonig läßt man zerlaufen und gibt ein halbes Pfund Zucker, 2 ganze Eier, 1 Backpulver, 1/2 Teelöffel Zimt, eine Messerspitze Nelken, das Abgeriebene einer halben Zitrone und einer halben Orange dazu. Dieser Teig wird mit einem Pfund Mehl fest verarbeitet, dünn ausgewalkt und mit Blechförmchen ausgestochen. Die Plätzchen werden bei mittlerer Hitze von etwa 200 Grad im vorgeheizten Rohr goldgelb gebakken und, ausgekühlt, mit einem dünnen Zuckerguß bestrichen.

Zuckerlebkuchen

Nicht vergessen: Zitronat, Orangeat, Zimt, Nelken

$^{2}/_{5}$ Liter Milch mit 350 Gramm Zucker und 40 Gramm Butter aufkochen. In einer Schüssel mischt man 1 Pfund Mehl, 100 Gramm gewiegte Haselnüsse, 70 Gramm kleingeschnittenes Zitronat, 30 Gramm Orangeat, $^{1}/_{2}$ Teelöffel Zimt, eine gute Messerspitze Nelken. In das Gemisch Milch-Zucker-Butter gibt man ein verquirltes Ei und gießt alles noch heiß nach und nach in die Schüssel mit Mehl, Mandeln und Gewürzen und verarbeitet es miteinander. Der noch warme Teig wird auf dem Brett tüchtig abgeknetet, dann in einer Schüssel, fest verdeckt, 2 bis 3 Tage in die Nähe einer warmen Heizung gestellt. 1 Backpulver wird mit 1 Eßlöffel Mehl vermischt, in den Teig geknetet, und der Teig auf bemehltem Nudelbrett 4 bis 5 mm dick ausgerollt mit Förmchen ausgestochen oder auch mit dem gezahnten Teigrädchen zu Rauten geteilt. Im vorgewärmten Rohr bäckt man die Zuckerlebkuchen etwa 20 Minuten bei 180 Grad. Nach dem Auskühlen kann man sie mit einem dünnen Zuckerguß bestreichen.

Zuckerlebkuchen schmecken wie feinstes Honiggebäck, haben aber dazu die mürbe Konsistenz von Butterplätzchen.

Agnesia-Plätzchen

Nicht vergessen: Zimt, Hagebuttenmarmelade

Ein halbes Pfund Butter wird mit einem Viertelpfund Zucker sehr schaumig gerührt und mit etwa 350 Gramm Mehl rasch verknetet. Der ziemlich feste Teig wird auf bemehltem Nudelbrett nicht zu dünn ausgerollt und – man kann ein kleines Glas dazu nehmen – zu runden Plätzchen ausgestochen, die im vorgeheizten Rohr bei 175 Grad goldgelb gebacken werden. Nachdem man sie etwas hat auskühlen lassen, hebt man sie vorsichtig vom Blech, bestreicht sie noch lauwarm mit Hagebuttenmarmelade oder Hagebuttengelee, legt je zwei zusammen wie eine runde Waffel und wälzt sie in Zimtzucker.

Fränkischer Butterteig

Nicht vergessen: Arrak, Zitronenschale

Ein halbes Pfund Butter und ein halbes Pfund Butterschmalz sehr schaumig rühren, 300 Gramm Zucker, eine halbe abgeriebene Zitronenschale, 2 Eßlöffel Arrak und 4 Eidotter dazugeben, noch einmal durchrühren und schließlich auf dem Nudelbrett mit $1^1/_2$ Pfund Mehl kräftig verkneten. Zugedeckt in einer Schüssel muß dieser Teig über Nacht kühl stehen. Am anderen Tag wird er etwa 3 mm dick auf bemehltem Nudelbrett ausgewalkt, ausgestochen und mit grobem Zucker übersiebt. Im vorgeheizten Rohr werden die Plätzchen bei etwa 175 Grad ganz hellgelb gebacken.

Ingwerküsse

Nicht vergessen: Ingwer, Arrak, Vanillezucker

Ein halbes Pfund Butter wird mit 200 Gramm Zucker, einem Päckchen Vanillezucker und 2 Eiern eine halbe Stunde lang sehr schaumig gerührt. Dann gibt man einen Teelöffel gemahlenen Ingwer, einen Eßlöffel Arrak und zuletzt 400 Gramm mit einem Teelöffel Backpulver gemischtes Mehl darunter und rührt aus allen Zutaten einen Teig, der aus der Spritztüte in kleinen Häufchen auf ein gefettetes Blech gespritzt und bei etwa 180 Grad eine Viertelstunde lang goldgelb gebacken wird.

Ischler Kringel

Nicht vergessen: Zitronenschale, Zitronensaft, Gelee aus schwarzen Johannisbeeren, Pistazien

300 Gramm Mehl gibt man als Häufchen auf das Nudelbrett, macht eine Mulde und gibt 300 Gramm feingeschnittene Butter, 150 Gramm ungeschälte, geriebene Mandeln, 120 Gramm Zucker, 2 Eidotter und den Saft einer Zitrone hinein und knetet aus diesen Zutaten einen festen Teig, den man eine Stunde lang zugedeckt im kühlen Raum ruhen läßt. Der Teig wird anschließend 3 mm dick ausgerollt und mit zwei ungleich großen Gläsern zu Ringen ausgestochen, die bei milder Hitze von 180 Grad auf gefettetem Blech goldgelb gebacken werden. Dieses sehr mürbe und zerbrechliche Gebäck läßt man auf dem Blech etwas abkühlen, bevor man es mit dem Schäufelchen herunternimmt und völlig abkühlen läßt. Die kalten Kringel werden, je zwei, mit dem Gelee aus schwarzen Johannisbeeren gefüllt und auf einer Seite mit Zuckerguß, auf der anderen mit Glasur aus zerlassener Markenschokolade überzogen. Bevor die Glasur trocken ist, überstreut man beide Seiten der Ischler Kringel mit gehackten Pistazienkernen.

Linzer Kolatschen

Nicht vergessen: Zitronenschale, Semmelbrösel, Johannisbeermarmelade oder -gelee

75 Gramm Butter und 75 Gramm Butterschmalz werden gut schaumig gerührt. Dann gibt man 2 Eidotter, 75 Gramm Zucker und etwas abgeriebene Zitronenschale dazu und rührt alles noch einmal kräftig durch. Zuletzt knetet man aus dem gerührten Ei-Zuckerschaum, 30 Gramm feinen und vor allem frischen Semmelbröseln und 200 Gramm Mehl einen geschmeidigen Teig. Auf dem Nudelbrett rollt man nun aus dem Teig kirschgroße Kugeln und drückt mit dem Stiel eines Kochlöffels kleine Vertiefungen ein, die man mit dicker Johannisbeermarmelade füllt. Im vorgeheizten Rohr werden die gefüllten Kolatschen bei 200 Grad etwa 20 Minuten lang goldgelb gebacken und noch warm mit Puderzucker überstäubt.

Mandelbrezeln

Nicht vergessen: Zitronenschale

300 Gramm Mehl gibt man in einem Haufen auf das Nudelbrett, macht mit der Hand eine Vertiefung hinein und gibt in diese Vertiefung 150 Gramm in dünne Scheiben geschnittene Butter, 100 Gramm Zucker, 2 ganze Eier und 80 Gramm abgezogene, geriebene Mandeln und die abgeriebene Schale einer halben Zitrone. Alle Zutaten werden auf dem Nudelbrett zu einem geschmeidigen Teig verarbeitet, den man zugedeckt eine Stunde ruhen läßt. Aus dem Teig rollt man bleistiftlange und -dicke Stängelchen, aus denen man dann kleine Brezeln formt, die man mit Eiweiß bestreicht und groben Kristallzucker darüberstreut. Bei 200 Grad Hitze werden sie im vorgeheizten Rohr schnell goldgelb gebacken. Wer will, bestreut sie nicht vor dem Backen mit Zucker, sondern glasiert sie nach dem Backen und Auskühlen mit einer Zuckerglasur aus Puderzucker und Arrak.

Schokoladebrezeln

Nicht vergessen: Vanillezucker, Jamaika-Rum

Man bereitet den gleichen Teig wie oben beschrieben bei Mandelbrezeln, nimmt nur statt Zitronenschale ein Päckchen Vanillezucker, gibt 3 Eßlöffel bitteren Kakao dazu und einen knappen Eßlöffel Jamaika-Rum. Die gebackenen und ausgekühlten Brezeln werden mit Schokoladenguß bestrichen.

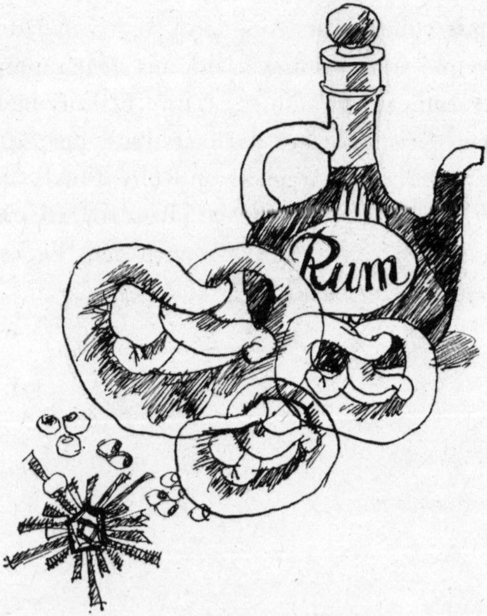

Mandelherzen

Nicht vergessen: Vanillezucker, Zitronenschale, Arrak

Ein Pfund mit einem halben Päckchen Backpulver gesiebtes Mehl wird im Haufen auf das Nudelbrett gegeben, eine Mulde eingedrückt und in die Mulde 150 Gramm Zucker, 2 Eier, ein Päckchen Vanillezucker, die abgeriebene Schale einer Zitrone, ein halbes Pfund kleingeschnittene Butter, 3 Eßlöffel Arrak, 150 Gramm abgezogene, geriebene Mandeln gegeben und die ganzen Zutaten zu einem festen Teig geknetet, den man eine halbe Stunde zugedeckt ruhen läßt. Der Teig wird dann auf dem Nudelbrett messerrückendick ausgewalkt und Herzen ausgestochen, die man bei mittlerer Hitze goldgelb bäckt. Auf dem Blech etwas auskühlen lassen, mit dem Schäufelchen herunternehmen und mit Zuckerguß oder zerlassener Schokolade glasieren. Bevor der Guß trokken ist, drückt man auf jedes Herz eine längsgeteilte, geschälte Mandel.

Marschallschnitten

Nicht vergessen: Zimt, Nelken, Arrak, Hagebuttenmarmelade

200 Gramm frische Butter wird mit 200 Gramm Zucker und einem Ei schaumig gerührt, dann kommen 1/4 Pfund geriebene Mandeln dazu, 1/2 Teelöffel Zimt, eine Messerspitze Nelken und 220 Gramm Mehl. Man knetet alles gut durch und walkt den Teig 1/2 cm dick aus. Bei milder Hitze bäckt man den Teigfleck im ganzen auf einem mit Wachs bestrichenen Blech goldgelb. Ist er fertig, bestreicht man ihn noch heiß mit kräftiger Hagebuttenmarmelade und schneidet ihn sofort in längliche Stückchen. Nach dem Auskühlen bestreicht man diese Stückchen mit einem Guß aus Puderzucker und Arrak und läßt sie an der Luft trocknen.

Punschringe

Nicht vergessen: Jamaika-Rum, Vanillezucker, süße Sahne, rote Gelatine, Himbeergelee

Auf ein Nudelbrett gibt man 300 Gramm Mehl, kegelförmig aufgeschüttet, und formt mit der Hand eine schöne Mulde. In die Mulde gibt man 200 Gramm in kleine Scheiben geschnittene, frische, süße Butter, 150 Gramm Zucker, 1 Päckchen Vanillezucker und eine halbe Tasse frische, süße Sahne. Darüber kommt nun 1 Eßlöffel bester Jamaika-Rum. Langsam verarbeitet man nun die in die Mulde gegebenen Ingredienzien mit dem Mehl zu einem geschmeidigen Teig, der auf dem bemehlten Brett messerrückendick ausgewalkt wird. Mit zwei runden Förmchen, 8 cm und 4 cm Durchmesser, sticht man nun Teigringe aus, die bei milder Hitze goldgelb gebacken werden. Erst wenn sie etwas abgekühlt sind, nimmt man sie mit einem Schäufelchen vom Blech. Wenn die Ringe völlig erkaltet sind, werden sie glasiert. Für die Glasur rührt man Puderzucker mit hellem Jamaika-Rum zu einem dickflüssigen Brei, teilt die eine Hälfte ab in ein zweites Schüsselchen und färbt diese Portion der Glasur mit ein wenig in heißem Wasser aufgelöster, roter Gelatine, so daß die Glasur eine leuchtende rosa Farbe bekommt. Die gebackenen Teigringe werden zur Hälfte mit weißer bzw. mit rosa Glasur überzogen und zum Trocknen gestellt. Inzwischen wird Himbeergelee mit etwas Rum verrührt und je ein weißer und ein rosa Ring mit dem Gelee zusammengeklebt.

Rumplätzchen

Nicht vergessen: echter Jamaika-Rum, saure Sahne, Vanillezucker

Ein Viertelpfund Butter wird gut schaumig gerührt, ein ganzes Ei dazugegeben, ein halbes Pfund Zucker, ein Päckchen Vanillezucker, eine halbe Tasse saurer Rahm, 2 Eßlöffel echter Jamaika-Rum, und das Ganze mit soviel mit einem halben Päckchen Backpulver gesiebtem Mehl verknetet, daß sich ein geschmeidiger Teig ergibt. Bei griffigem Mehl – das nicht ganz so saugfähig ist – braucht man dazu meist ein gutes Pfund. Dieser Teig wird sehr dünn ausgerollt, in Blüten, Herzchen und Sterne ausgestochen, mit zerklopftem Eigelb bestrichen und bei milder Hitze ganz kurz goldgelb gebacken.

Sandplätzchen

Nicht vergessen: Zitrone, Maizena

Es kann sein, daß das eine oder andere Familienmitglied oder auch ein Gast sich aus dem stark gewürzten Gebäck nichts macht oder auf seinen Magen achten muß – dann sind diese zarten Plätzchen, die fast auf der Zunge zergehen, am Platze.

150 Gramm Butter rührt man schaumig, gibt nach und nach die Dotter von 3 Eiern, löffelweise 100 Gramm gemahlenen Zucker und 150 Gramm Maizena hinzu, würzt mit der dünn abgeriebenen Schale von 1 Zitrone und rührt im ganzen 3/4 Stunden, zieht hernach den steifen Schnee der 3 Eiweiß darunter und dressiert am besten mit einem Kaffeelöffel von der Masse Plätzchen auf ein mit Butter gestrichenes und mit Mehl bestäubtes Backblech. Man bäckt die Plätzchen sogleich bei Mittelhitze 10 bis 15 Minuten.

Schachbrettplätzchen

Nicht vergessen: Zitronenschale, Arrak, Zimt, Nelken, Vanillezucker, Muskatnuß, Kakao

Ein halbes Pfund Butter mit 100 Gramm feinstem Butterschmalz, 2 Eigelb und 180 Gramm Zucker mindestens eine halbe Stunde sehr schaumig abrühren und mit einem Eßlöffel Arrak abschmecken. Schließlich ein Pfund mit einem Teelöffel Backpulver gesiebtes Mehl darunterkneten. Dieser Teig wird in zwei Teile geteilt. In den ersten Teil gibt man die abgeriebene Schale einer Zitrone und verknetet das Ganze noch einmal recht gut. In den zweiten Teil gibt man einen Teeelöffel Zimt, eine Messerspitze Nelken, eine Messerspitze geriebene Muskatnuß, ein Päckchen Vanillezucker und 4 gehäufte Eßlöffel schwach entölten Kakao, den man mit einem Eßlöffel saurer Sahne und einem Eigelb verrührt hat. Beide Teige, der weiße und der schwarze, werden für sich noch einmal richtig durchgeknetet. Auf dem Nudelbrett rollt man nun immer je zwei schwarze und zwei weiße Würstchen 1 cm dick und etwa 12 cm lang und fügt sie zu einer Teigstange zusammen, so daß sich immer die schwarzen und die weißen gegenüberstehen. Dieses schwarz-weiße Teigstück wird noch etwas gerollt, daß sich die vier Teigwürstchen besser aneinanderfügen, und schließlich mit einem scharfen Messer in ganz dünne Scheiben geschnitten, die auf dem Blech bei milder Hitze gebacken werden. Die schachbrettartige Musterung dieser Plätzchen ist immer eine Abwechslung.

Spekulatius

Nicht vergessen: Vanillezucker, Zitronenschale, Zimt, Kardamom, Piment

Ein Pfund mit einem Päckchen Backpulver gesiebtes Mehl wird im Haufen auf das Nudelbrett gegeben, eine Mulde eingedrückt und in die Mulde 150 Gramm Zucker, 2 Eier, ein Päckchen Vanillezucker, die abgeriebene Schale einer Zitrone, ein halbes Pfund kleingeschnittene Butter, ein Teelöffel Zimt, ein Teelöffel Kardamom, ein halber Teelöffel Piment und 150 Gramm abgezogene, geriebene Mandeln gegeben und alles schnell zu einem geschmeidigen Teig verknetet, den man eine halbe Stunde ruhen läßt. Dann wird der Teig messerrückendick ausgewalkt, in Vierecke von der Größe der Formen geschnitten und in die bemehlten Formen gedrückt. Die überhängenden Ränder werden abgeschnitten und die Plätzchen auf gefettetem Blech bei mittlerer Hitze goldbraun gebacken.

Spitzbuben

Nicht vergessen: Vanillezucker, Zitronenschale, Bittermandelöl, Jamaika-Rum, Himbeermarmelade, Himbeergeist

Ein Pfund mit einem halben Tütchen Backpulver gesiebtes Mehl auf das Nudelbrett geben und eine Vertiefung hineindrücken. In die Mulde gibt man 2 Eier, 180 Gramm Zucker, ein Päckchen Vanillezucker, 2 Tropfen Bittermandelöl, die abgeriebene Schale einer Zitrone, ein halbes Pfund kleingeschnittene Butter, 150 Gramm geriebene Haselnüsse, einen Eßlöffel Rum und verarbeitet alle Zutaten zu einem festen Teig, den man eine halbe Stunde lang zugedeckt stehen läßt. Der Teig wird dann messerrückendick ausgerollt und mit einem Likörglas kleine runde Plätzchen ausgestochen, die bei ganz milder Hitze goldgelb gebacken werden. Man läßt dieses sehr mürbe Gebäck auf dem Blech etwas abkühlen, nimmt es mit dem Schäufelchen herunter und klebt je zwei Plätzchen mit etwas Himbeermarmelade, verrührt mit Himbeergeist, zusammen. Noch heiß wälzt man die Plätzchen in mit Vanille gewürztem Zucker.

Terrassenplätzchen

Nicht vergessen: Vanillezucker, süße Sahne, Johannisbeergelee

200 Gramm Butter werden gut schaumig gerührt und mit 150 Gramm Zucker, 2 Päckchen Vanillezucker, einer kleinen Tasse süßer Sahne und 300 Gramm Mehl zu einem festen Teig verarbeitet, den man zugedeckt im kühlen Raum eine Stunde rasten läßt. Mit drei verschieden großen Blumenausstechförmchen sticht man aus dem dünn ausgewalkten Teig Plätzchen aus. Aus dem kleinsten der drei Plätzchen wird – man nimmt am besten ein altes Medikamentenröhrchen von etwa 1 cm Durchmesser – in der Mitte noch ein kreisrundes Loch herausgestanzt. Die Butterteigblumen bäckt man bei milder Hitze nur zartgelb. Leicht abgekühlt nimmt man sie vom Blech und schichtet je ein großes, ein mittleres und ein kleines Plätzchen, mit Johannisbeergelee dazwischen, aufeinander zu kleinen Terrassen. Schließlich werden die Terrassen dick mit Puderzucker bestäubt.

Vanillebusserl

Nicht vergessen: Vanillezucker

200 Gramm Butter werden warmgestellt (nicht zerlaufen lassen!) und dann zu einer schaumigen Creme gerührt. Nach und nach gibt man ein halbes Pfund Zukker und zwei Päckchen Vanillezucker hinein, dazu 4 Eigelb, und rührt alles noch einmal kräftig durch. Nun wird der Schnee der 4 Eiklar daruntergegeben und dazu 350 Gramm Mehl, das zu einem guten Teil aus Maizena bestehen kann. Diesen etwas weichen Teig setzt man in kleinen Häufchen auf ein gefettetes Blech und bäckt sie im vorgeheizten Rohr bei etwa 200 Grad goldgelb.

Vanillehörnchen

Nicht vergessen: Vanillezucker

140 Gramm frische Butter cremig rühren, 70 Gramm Zucker, 70 Gramm geschälte, feingewiegte Mandeln (das muß wörtlich genommen werden, die Mandeln sollen nicht gerieben, sondern gewiegt werden, wodurch sie gröber bleiben), 175 Gramm Mehl dazugeben und auf dem Nudelbrett verkneten. Aus dem Teig werden kleinfingergroße Hörnchen geformt und auf einem mit Mehl bestaubten Blech bei 175 Grad Rohrtemperatur ganz hellgelb gebacken. Es empfiehlt sich, das Rohr gut vorzuheizen. Noch warm wälzt man die Hörnchen in mit Vanillezucker gemischtem Puderzucker und bewahrt sie in luftdicht verschlossener Dose auf.

Noch ein Trick: Alle Butterteige sind, wenn sie aus dem Rohr kommen, sehr zerbrechlich, es ist deshalb ratsam, die Vanillehörnchen auf dem Blech etwas abkühlen zu lassen, bevor man sie mit dem Messer oder einem kleinen Schäufelchen herunternimmt.

Vanilleringe (Spritzgebäck)

Nicht vergessen: Zitronenschale, Vanillezucker

$1^1/_4$ Pfund Butter werden in kleine Stücke geschnitten und warm gestellt, ohne daß man sie zerlaufen läßt. Mit der Hand oder in der Küchenmaschine wird die Butter sehr flaumig gerührt und nach und nach 1 Pfund Zucker, 2 Eier, $^1/_2$ Pfund geriebene Walnüsse, das Abgeriebene einer Zitrone und schließlich 750 Gramm Mehl dazugegeben. Man muß sehr darauf achten, daß die Nüsse gleichmäßig und fein gemahlen sind. Gröbere Stückchen, die darunter sind, verstopfen später die feinen Spritzdüsen. Es ist darum besser, den Teig gleich von vorneherein, bevor man ihn durch die Spritzdüsen treibt, durch den Fleischwolf zu geben, in dem alle gröberen Bestandteile zerquetscht werden. Schließlich formt man aus dem durch die Spritzdüse getriebenen Teig kleine Ringe und bäckt sie schnell bei mittlerer Hitze von etwa 200–220 Grad goldgelb. Noch auf dem Blech läßt man sie leicht abkühlen, nimmt sie mit dem Schäufelchen herunter und wälzt sie noch warm in stark mit Vanille aromatisiertem Zucker.

Das Walnußaroma entwickelt sich erst dann richtig, wenn man das Gebäck in verschlossener Dose eine Woche ruhen läßt.

Weiße Mohren

Nicht vergessen: Nelken, Muskatnuß, Zitronenschale

170 Gramm Mehl, gesiebt mit einem Teelöffel Backpulver, gibt man in einem Haufen auf das Nudelbrett, drückt eine Mulde ein und gibt 200 Gramm in Scheiben geschnittene Butter, 100 Gramm Zucker, 100 Gramm abgezogene, geriebene Mandeln, eine Prise Salz, eine Prise Nelken, eine Prise Muskatnuß, die abgeriebene Schale einer halben Zitrone und ein Eidotter hinein und verknetet alles zu einem kräftigen Teig, den man im kühlen Raum eine halbe Stunde ruhen läßt. Anschließend werden aus dem Teig auf dem bemehlten Nudelbrett etwa 8 cm lange, kleinfingerdicke Würstchen gedreht, die man bei milder Hitze im Rohr goldgelb bäckt. Man nimmt sie vom Blech, wenn sie etwas abgekühlt sind, läßt sie dann noch völlig auskühlen und tunkt sie zur einen Hälfte in zerlassene Bitterschokolade, und wenn die Schokolade fest geworden ist, zur anderen Hälfte in Zuckerguß.

Stollen

Helenes Weihnachtsstollen

Nicht vergessen: Zitronenschale, Mandarinenschale, Zitronat, Orangeat, Rindertalg, eine Prise Salz

4 Pfund Mehl werden in eine große Schüssel gegeben und warmgestellt. In der Zwischenzeit wärmt man 3/4 Liter Milch gut handwarm, keinesfalls zu heiß, und verrührt darin 200 Gramm frische Hefe und 100 Gramm Zucker. In das warmgestellte Mehl macht man nun eine Vertiefung, schüttet die in Milch aufgelöste Hefe hinein und mischt etwas vom Mehl zu einem leichten Teig dazu. Dieses Hefestück, wie man es nennt, muß nun im warmen Raum, mit einem Tuch zugedeckt, etwa 20 Minuten lang gehen. Ist das Hefestück hochgestiegen, gibt man 4 Eidotter, 200 Gramm Zucker – alles lau, nicht eiskalt! –, eine große Prise Salz, die abgeriebene Schale einer Zitrone und einiger Mandarinen dazu und verknetet das Ganze zu einem sehr festen Teig. Läßt sich das Mehl nicht ganz einarbeiten, gibt man eßlöffelweise noch etwas lauwarme Milch dazu. Dieser Vorteig muß sehr gut verarbeitet werden, man teilt ihn deswegen tunlichst in vier oder fünf kleinere Stücke, die man einzeln kräftigst durchknetet. Dann fügt man sie wieder zu einem großen Teiglaib zusammen, knetet ihn nochmals etwas, gibt ihn in die Schüssel zurück und läßt die-

sen Hefevorteig zugedeckt eine Stunde lang gehen. In der Zwischenzeit stellt man 1 Pfund Butter, die man in kleine Stücke geschnitten hat, leicht warm. Sie soll nicht zerlaufen, auch nicht schmelzweich werden, sondern eine Konsistenz der Art bekommen, daß man sie leicht verkneten kann. Ist es soweit, gibt man in die Butter etwa 50 Gramm feinsten und bis zur fast völligen Geschmacklosigkeit gereinigten Rindertalg, den man nicht flüssig, aber weich hat werden lassen. Butter und Rindertalg werden nun mit feuchten Händen zu einer gleichmäßigen, glatten Masse verknetet. In einer zweiten Schüssel mischt man etwa 300 Gramm Sultaninen, 300 Gramm Weinbeeren oder Korinthen, je 150 Gramm fein geschnittenes Zitronat und Orangeat und 200 Gramm gehackte, aber nicht geriebene frische Haselnüsse. In der Zwischenzeit ist der Vorteig aufgegangen, über ihn gibt man nun die Sultaninen, Weinbeeren, die gehackten Haselnüsse, Zitronat und Orangeat und das knetfähige Gemisch aus Butter und Rindertalg. Noch in der Schüssel verknetet man das Ganze zu einem festen Teig. Sind das Fett und die anderen Zutaten untergearbeitet, gibt man den Stollenteig auf ein Nudelbrett. Wiederum teilt man den Teig in vier bis fünf Teile, um jedes Teil einzeln besser durchkneten zu können. Der Teig soll von sehr fester Konsistenz sein, sonst läuft der Stollen später beim Backen auseinander. Wenn nötig, wird man noch etwas Mehl unterarbeiten.

Die angegebene Menge reicht, je nach der Stollengröße, die man sich wünscht, für 2 bis 4 Stollen. Jedes Teigstück wird nun auf dem Nudelbrett leicht oval und etwa 5 cm dick ausgewalkt, der Länge nach übereinandergeschlagen und mit nassen Händen in die für den Weihnachtsstollen charakteristische Form gebracht.

Ohne den Stollen weiter gehen zu lassen, bäckt man ihn bei mittlerer Hitze von etwa 180–200 Grad im vorgeheizten Rohr, je nach Größe etwa eine Stunde lang. Es ist geraten, den Stollen in der ersten Backzeit mit einer Folie abzudecken, damit er nicht zu viel Oberhitze bekommt, zu schnell braun wird und verkrustet. Der Stollen soll nicht braun, sondern goldgelb aus dem Rohr kommen. Noch heiß bestreicht man ihn mit zerlassener Butter und bestäubt ihn dick mit Puderzucker.

Er wird erst vom Blech genommen, wenn er völlig ausgekühlt ist. Stollen schmeckt erst richtig, wenn er mindestens drei bis vier Tage alt ist. Er darf aber in dieser Ruhezeit nicht warm stehen, sonst trocknet er aus. Am besten ist es, man schlägt ihn gleich nach dem Auskühlen sorgfältigst in eine Folie ein und bewahrt ihn in einem kühlen Raum, eventuell sogar im Eisschrankgemüsefach, auf. Weihnachtsstollen darf auf dem Teller niemals bröseln, sondern muß saftig sein und schnittfest.

Dresdner Christstollen

Nicht vergessen: Zitronenschale, Kardamom, Muskatblüte, Zitronat, Orangeat, 2 Messerspitzen Salz

Der Dresdner Christstollen unterscheidet sich von »Helenes Weihnachtsstollen« durch einen höheren Gehalt an Fett, Zucker und Nüssen bzw. Mandeln. Die Zubereitung ist wie bei allem fettreichen Gebäck schwieriger, je mehr Fett darin ist, und wir halten es für sehr wesentlich, daß beim Dresdner Christstollen die Butter auch erst in den gegangenen Teig eingearbeitet und nicht dazugegeben wird, bevor der Teig durchgearbeitet und aufgegangen ist.

2 Kilo Mehl werden in eine Schüssel gesiebt und warmgestellt. Dann macht man in der Mitte eine Vertiefung, in die man 200 Gramm Bierhefe gibt, die in einem Liter Milch, gemischt mit 400 Gramm Zucker, aufgelöst wurde. Etwas Mehl rührt man unter den in die Schüssel gegebenen Hefevorteig, stellt das Ganze leicht warm und läßt den Hefevorteig gehen. Ist der Vorteig gut aufgegangen, gibt man die abgeriebene Schale zweier Zitronen, einen Teelöffel Kardamom, etwas Muskatblüte und das Salz dazu und verknetet alles zu einem festen und nicht mehr an der Hand klebenden Teig. In der Zwischenzeit hat man 300 Gramm süße Mandeln und 100 Gramm bittere Mandeln gebrüht, abgezogen und fein gehackt, dazu 300 Gramm Zitronat, 200 Gramm Orangeat, 2 Pfund Rosinen und 300 Gramm Korinthen in einer Schüssel gemischt. 900 Gramm But-

ter werden nun kleingeschnitten und in einer Schüssel einige Zeit so warm gestellt, daß die Butter zwar nicht zerläuft, aber weich und knetfähig ist. Nun haben wir hier den gegangenen Teig, die knetweiche Butter und die Rosinen, Korinthen, Zitronat, Orangeat und die Mandeln. Ich empfehle es, nun zunächst die Weinbeeren, Mandeln etc. mit der Butter zu verkneten und die mit den Mandeln und Korinthen verknetete Butter langsam mit dem gegangenen Teig zu verarbeiten. Es ist geraten, den Teig in drei oder vier Teile zu teilen, das Verarbeiten geschieht dann leichter und intensiver. Schließlich fügt man den ganzen Teig zusammen und läßt ihn zugedeckt noch mindestens eine gute halbe Stunde gehen. Aus diesem Teig lassen sich dann je nach der gewünschten Größe zwei bis drei Stollen formen, die man bei etwa 200 Grad in einer guten Stunde bäckt. Es ist geraten, die Stollen zunächst mit Pergamentpapier oder Folie abzudecken, damit sie nicht zuviel Oberhitze bekommen. Die fertigen Stollen werden noch heiß mit Butter bepinselt und dann mit feinem, mit Vanillezukker gemischtem Zucker bestreut.

Der Dresdner Christstollen muß einige Tage kalt liegen – so aufheben, daß er ja nicht austrocknet! – und sollte erst am fünften Tag nach dem Backen angeschnitten werden.

Rosinenstollen

Nicht vergessen: Sultaninen, Korinthen, Zitronat, Orangeat, Zimt, Bittermandelöl, Zitronenschale, Arrak

2 Pfund Mehl zweimal in eine große Schüssel sieben, eine Mulde machen und 100 Gramm Hefe, in 3 Tassen lauwarmer Milch aufgelöst und mit einem Eßlöffel Zukker verrührt, hineingeben. Etwas Mehl darunterrühren und das Dämpfel 20 Minuten lang gehen lassen. Dann gibt man – alles schön lau! – einen halben Teelöffel Salz, 1 Ei, 200 Gramm Zucker, 80 Gramm Zitronat, 80 Gramm Orangeat, einen halben Teelöffel Zimt, 300 Gramm Sultaninen, 100 Gramm Korinthen, die abgeriebene Schale einer Zitrone, 2 Eßlöffel Arrak, 150 Gramm geriebene Mandeln und 2 Tropfen Bittermandelöl dazu und verknetet alles zu einem festen Teig, den man wieder eine halbe Stunde im warmen Raum schön aufgehen läßt. In der Zwischenzeit stellt man ein halbes Pfund Butter so weit warm, daß die Butter knetfähig wird und verknetet sie schließlich auf dem Nudelbrett mit dem gegangenen Hefeteig. Aus diesem Teig formt man zwei mittelgroße Stollen und bäckt sie nach nochmaligem kurzen Gehenlassen je eine knappe Stunde im vorgeheizten Rohr bei mittlerer Hitze. Es ist ratsam, den Stollen für die erste Backzeit mit Folie oder Pergamentpapier abzudecken, damit er nicht zu schnell bräunt. Nach dem Backen werden die Rosinenstollen mit frischer Butter bepinselt und dick mit Puderzucker eingestäubt.

Weihnachts-Quarkstollen

Nicht vergessen: Quark, Zitronat, Zitronenschale, Rum, Vanillezucker

Der Quarkstollen hat sich neben dem üblichen Christstollen seinen Platz in der Weihnachtsbäckerei erobert. Bei Quarkstollen sollte man nicht unbedingt an Quarkkuchen oder Quarktaschen denken. Quarkstollen ist kein mit Quark gefüllter Stollen, sondern der Teig des Stollens ist mit Quark verarbeitet, der ihn lockert und ihm gleichzeitig die etwas schwere Konsistenz verleiht, die wir an einem Stollen so besonders lieben. Es ist selbstverständlich, daß man zum Quarkstollen nur ganz frischen und nicht sauren Quark benützt, am besten Vollmilchquark, wie Maja-Schichtkäse. Quarkstollen beginnt wie jeder andere Stollen. Man stellt 2 Pfund Mehl warm in einer großen Schüssel. In eine Mulde gibt man 100 Gramm in einer großen Tasse aufgelöste Hefe, die mit 250 Gramm Zucker und 2 Päckchen Vanillezucker verrührt wurde. Dieses Gemisch vermengt man in der Mehlvertiefung mit etwas Mehl und läßt es, warmgestellt, ca. 20 Minuten aufgehen. In der Zwischenzeit wird 250 Gramm Butter kleingeschnitten und so erwärmt, daß sie nicht zerläuft, sondern knetfähig ist. Ebenfalls warmgestellt wird 1 Pfund möglichst trockener Quark. In eine weitere Schüssel hat man bereits vorher ein halbes Pfund abgeschälte, geriebene Mandeln, 100 Gramm kleingeschnittenes Zitronat, 300 Gramm Rosinen gegeben, eine halbe Tasse Rum darübergegossen und alles ziehen lassen. Inzwischen verknetet man den Quark mit der Butter und salzt dieses Gemisch kräftig. Der gegangene Vorteig wird nun, nachdem man 4 Eidotter darübergegeben hat, mit dem Mehl zu einem strammen, festen Teig verarbeitet, der nun wieder mit dem Zitronat-, Mandeln- und Rosinengemisch sowie dem Butter-Quark-Gemisch verknetet wird. Nicht die abgeriebene Schale zweier Zitronen vergessen. Zum besseren Verarbeiten sei geraten, den Teig in einige Teile zu teilen und jeden Teil für sich auf dem Nudelbrett richtig durchzukneten. Der Stollenteig ist dann richtig verarbeitet, wenn er Blasen wirft und nicht mehr an den Fingern klebt. Aus diesem Teig werden etwa 2 Stollen geformt und bei 200 Grad im vorgeheizten Rohr etwa 1 Stunde gebacken. Nach dem Backen werden die Stollen mit zerlassener Butter bestrichen und dick mit Puderzucker bestreut.

Baumkuchen

Nicht vergessen: Zitronenschale, Rum, Stärkemehl, Aprikosenmarmelade

In vielen Gegenden ist der Baumkuchen das eigentliche Weihnachtsgebäck. Oft scheitert die Herstellung an der entsprechenden Kuchenform; es ist daher das einfachste, diesen Baumkuchen – er wird natürlich dann weniger hoch – in einer Kastenform zuzubereiten.

Man rühre daher ein halbes Pfund Butter (per Hand eine halbe Stunde, in der Küchenmaschine geht es natürlich schneller) sehr schaumig und gebe nach und nach ein halbes Pfund Zucker, 5 Eigelb, einen Eßlöffel Jamaika-Rum, 80 Gramm abgezogene und geriebene Mandeln und die abgeriebene Schale einer Zitrone dazu. Jetzt hebt man die fünf zu steifem Schnee geschlagenen Eiklar darunter und ein Viertelpfund Mehl, das mit einem Viertelpfund Stärkemehl, wie Maizena, gut durchgesiebt worden ist. Dieser Teig soll sehr schaumig sein und darf darum, wenn Eischnee und Mehl daruntergegeben sind, nicht mehr länger gerührt werden. Nun wird das Rohr gut vorgeheizt und auf eine mittlere Temperatur von etwa 200 Grad gestellt. Eine Kastenform wird ausgebuttert und eine hauchdünne Schicht von dem Teig hineingegeben. Nach einigen Minuten –

man schalte am besten auf Oberhitze – ist die dünne Teigschicht durchgebacken, nun gibt man die nächste darauf und läßt sie wieder 3 Minuten bei Oberhitze anbacken. So geht es weiter, bis der ganze Teig in Schichten gebacken ist. Baumkuchen ist aber nur dann wirklich richtig, wenn mindestens 15 Schichten aufgetragen und gebacken worden sind. Noch heiß wird der Baumkuchen aus der Form genommen und zum Auskühlen gestellt. In der Zwischenzeit verrührt man ein halbes Glas bester Aprikosenmarmelade mit dem Saft einer Zitrone und bestreicht den Baumkuchen rundum damit. Zuletzt gibt man sehr vorsichtig eine Zuckerglasur aus Puderzucker und Zitronensaft darüber, daß die Marmelade ganz darunter verschwindet.

Dresdner Mandelbrot

Nicht vergessen: Zimt, Nelken, Muskatnuß

Ein Pfund Zucker wird mit 4 ganzen Eiern, 3 Teelöffeln Zimt, einem Teelöffel gemahlenen Nelken und einem halben Teelöffel Muskatblüte eine halbe Stunde lang schaumig gerührt. Dann gibt man noch zwei Eier darunter und schlägt alles noch kräftig durch. In diesen Zuckerteig gibt man ein Pfund nicht abgezogene, geriebene Mandeln und ein gutes Pfund mit einem Teelöffel Backpulver gesiebtes Mehl und knetet alles zu einem kräftigen Teig durch. Je nach Größe der Eier muß man vielleicht noch etwas Mehl zugeben.

Aus der obengenannten Menge formt man zwei brotähnliche Wecken, die man bei milder Hitze im vorgewärmten Rohr etwa 40 Minuten goldbraun bäckt. Dresdner Mandelbrot wird noch warm in Scheiben geschnitten und, mit etwas Puderzucker bestreut, serviert. Schmeckt warm und kalt gleichermaßen köstlich.

Gewürzschnitten

Nicht vergessen: Nescafé, Kakao, Zimt, Nelken, Piment, Kardamom, Muskat

70 Gramm Butter wird mit einem ganzen Ei und einem halben Pfund Zucker mindestens eine halbe Stunde schaumig gerührt. Aus einer Tasse kochendem Wasser wird mit 2 gehäuften Eßlöffeln eines Nescafés (Pulverkaffee jeder Art) ein sehr starker Kaffee bereitet – Großmutter bereitete natürlich eine Tasse sehr starken Kaffee aus frischgemahlenen Bohnen einer kräftig schmeckenden Sorte (z. B. Ostafrika) –, der abgekühlt zwischen das Zucker-Ei-Gemisch gerührt wird. Dann mischt man in einer zweiten Schüssel ein Pfund Mehl mit einem halben Päckchen Backpulver, gibt einen Eßlöffel Kakao dazu, einen Teelöffel Zimt, einen Teelöffel Kardamom, einen halben Teelöffel Nelken, einen halben Teelöffel Piment, einen halben Teelöffel Muskatblüte und mischt alles kräftig durcheinander. Das Mehl und die Gewürze gibt man nun löffelweise in den anderen Teig und knetet ihn geschmeidig zusammen. Aus diesem Gewürzteig formt man einige Rollen, legt sie aufs Blech und bäckt sie bei mittlerer Hitze von etwa 200 Grad eine halbe Stunde lang gar. Es sei empfohlen, über die Teigrollen im Rohr für die erste Hälfte der Backzeit ein Pergamentpapier oder eine Folie zu legen, damit sie auf der Oberseite nicht zu dunkel werden.

Diese Gewürzwecken werden noch heiß etwas schräg in schmale Scheiben geschnitten. Ausgekühlt überzieht man diese Scheiben mit einem Zucker- oder Schokoladenguß.

Hutzelbrot, Kletzenbrot, Früchtebrot

Nicht vergessen: Kirschwasser, Anis, Koriander, Pfeffer, Nelken, Zitronat, Orangeat, Schwarzbrotteig vom Bäcker

Hutzelbrot ist eine allbekannte Delikatesse, seine Herstellung verlangt viel Geduld und Geschick, aber es lohnt sich bestimmt. Nur, wenn man sich schon die Mühe macht, dann soll man gleich eine größere Menge herstellen.

$1^1/_2$ Pfund getrocknete Birnen, möglichst Williamsbirnen, waschen und gut bedeckt mit Wasser über Nacht einweichen. Am Morgen Stiele und Blüten entfernen und im Einweichwasser etwa 15 Minuten lang kochen. Dann auskühlen lassen und vierteln. $1^1/_2$ Pfund getrocknete Zwetschgen in gleicher Weise behandeln und zusammen mit den kleingeschnittenen Birnen in eine große Schüssel geben. Dorthinein gibt man auch ein Pfund abgezogene, grob gehackte Mandeln, ein Pfund Korinthen, ein Pfund Sultaninen, ein Pfund in kleine Stückchen geschnittene, getrocknete Feigen, ein Pfund grob gehackte Haselnußkerne, 2 Teelöffel Anis, einen Teelöffel Koriander, einen halben Teelöffel geriebene

Nelken, eine Messerspitze Pfeffer oder Piment, ein Viertelpfund feingeschnittenes Zitronat und ein Viertelpfund Orangeat. Das Ganze gut durchmischen und mit einem Viertelliter gutem Kirschwasser begießen und alles wieder über Nacht stehen lassen. Am nächsten Tag besorge man sich in einer Bäckerei etwa 4 Pfund Roggenbrotteig. Man nimmt dreiviertel davon weg und verknetet diesen Schwarzbrotteig mit den kleingeschnittenen Früchten. Man formt kleinere oder größere Wekken daraus und wickelt jeden in Stücke des restlichen, dünn ausgewalkten Schwarzbrotteiges. Die Ränder gut zusammenkleben, damit der Teig nicht heraussaften kann. Nachdem man sie eine halbe Stunde hat gehen lassen, werden die Hutzelbrote nun bei etwa 200 Grad im vorgeheizten Rohr sehr langsam, je nach Größe des Wekkens, 1 bis 1 1/2 Stunden lang gebacken. Es empfiehlt sich sehr, das Hutzelbrot für die erste Backzeit mit Pergamentpapier oder Folie abzudecken, damit sich nicht zu schnell eine braune Kruste bildet. Die fertiggebackenen Hutzelbrote bestreicht man mit dem übrigen Kochwasser der Birnen. Hutzelbrot soll nicht frisch gegessen werden, sein richtiges Aroma gewinnt es erst, wenn man es eine Woche lang im kühlen Raum hat ruhen lassen.

Magdalenenkuchen

Nicht vergessen: Zitrone, Puderzucker

Einmal ein anderer Geschmack, wenn es schon auf Dreikönig zugeht: 175 Gramm Butter werden schaumig gerührt, nach und nach die Dotter von 3 großen Eiern, 175 Gramm gemahlener Zucker, eine Mischung von 175 Gramm Maizena und 50 Gramm Weizenmehl und die abgeriebene Schale von 3/4 Zitrone hinzugegeben, schließlich der steife Schnee von 3 Eiweiß unter die Masse gemischt und diese messerrückendick auf ein mit geklärter Butter gestrichenes Backblech aufgetragen. Man bäckt den Kuchen bei Mittelhitze hellgelb und schneidet ihn noch warm in gleich große, länglich-viereckige Streifen. Dann schlägt man 4 Eiweiß mit einigen Tropfen Zitronensaft zu steifem Schnee, untermischt diesen mit 100 Gramm Puderzucker, bestreicht mit dieser Masse die Magdalenenkuchen und bringt sie nochmals in die heiße Ofenröhre, um die Baisermasse leicht bräunen zu lassen.

Makronentorte

Nicht vergessen: Zitronen, Zitronat und natürlich Mandeln

Immerhin begegnet man immer wieder Leuten, die sich aus Stollen und Lebkuchen – für die anderen fast unverständlich – nicht gerade sehr viel machen. In solchen Fällen ist diese wohlschmeckende und leicht zu bereitende Torte eine kleine Köstlichkeit. Man bereitet zunächst einen guten Mürbteig aus 1/4 Pfund zerpflückter Butter, 1 kleinen Ei, 100 Gramm Zucker, 1/2 Pfund mit 1/2 Backpulver gemischtem Mehl und evtl. etwas Wasser, indem man die vorher kalt gestellten Zutaten in einer genügend großen Schüssel schnell mit dem Messer ineinanderhackt und dann mit den Händen verknetet. Jetzt stellt man den Teig 20 Minuten in die Kälte und legt dann eine mittelgroße Springform dergestalt damit aus, daß man den Teig mit den Fingerknöcheln auseinanderdrückt und außerdem am Rand ca. 3 cm breit hinaufwölbt, um die Füllung zu schützen.

Für die Füllung hat man 1/2 Pfund abgezogene Mandeln kurz in kaltes Wasser gelegt, sie abtropfen lassen, und stößt sie hernach in einem Mörser ein wenig gröblich – hat man keinen solchen, muß man sie mit einem großen Messer nicht zu fein hacken –, gibt 1/2 Pfund Zucker dazu, reibt von 2 Zitronen die Schale hin, dazu ein wenig Zitronat, ca. 75 Gramm, klein geschnitten, und mischt alles untereinander nebst 4 zu Schaum geschlagenen Eiweiß. Diese Masse wird gleichmäßig auf dem Mürbteig verteilt, evtl. noch etwas Zimt daraufgestreut – man kann aber auch mit kandierten Kirschen verzieren – und die Form dann sofort bei mittlerer Hitze ca. 40 Minuten vorsichtig gebacken.

Memminger Zuckerbrot

Nicht vergessen: Zitronat, Zitronenschale, Anis, Hefe, Arrak, Rosenwasser

Dieses alte Rezept steht und fällt mit der Zutat Rosenwasser. Rosenwasser ist in den meisten Apotheken erhältlich, nur ist das, was man in den meisten Apotheken als »Rosenwasser« erhält, kein Rosenwasser mehr, sondern fad schmeckendes, abgestandenes, destilliertes Wasser, das mit dem starken und richtigen Rosenaroma gar nichts mehr zu tun hat. Man muß also noch im Geschäft seine Nase in das Fläschchen halten und prüfen, ob das Rosenwasser noch Aroma hat.

In einer großen Schüssel werden 3 Pfund Mehl warmgestellt und mit Hefe für 20 Pfennig, 3/4 Liter Milch, 3/4 Pfund Zucker, dem Abgeriebenen einer Zitrone, einem Viertelpfund Zitronat, einem Eßlöffel Anis und schließlich mit einer halben Tasse kräftig aromatischem Rosenwasser und einem Eßlöffel Arrak zu einem Hefenteig verarbeitet, den man eine halbe Stunde lang gehen läßt. Erst jetzt knetet man in den Hefenteig ein halbes Pfund Butter, daß ein glatter, nicht an den Händen klebender Teig entsteht. Den fertigen Teig teilt man in handtellergroße, 2 bis 3 cm dicke Fladen und stellt die Fladen, einen am anderen, nacheinander senkrecht in eine Kastenform. Auf diese Weise entsteht die für das Memminger Zuckerbrot charakteristische Rippung des fertigen Kuchens.

Hat man den Teig richtig eingeschichtet, bäckt man

das Memminger Zuckerbrot, ohne es vorher noch weiter gehen zu lassen, im vorgeheizten Rohr bei 200 Grad etwa eine Stunde. (Die Backzeit hängt natürlich wesentlich von der Größe der Kastenform ab, die angegebene Menge gibt 2 Kuchen, in 2 normal großen Kastenformen gebacken.) Es ist geraten, den Teig vielleicht mit einer Folie in der ersten Hälfte der Backzeit abzudecken, damit er nicht zu schnell bräunt.

Wie der Weihnachtsstollen wird auch das Memminger Zuckerbrot noch warm mit zerlassener Butter bestrichen und ausgekühlt mit einer Glasur aus Puderzucker und Rosenwasser überzogen.

Memminger Zuckerbrot bekommt seinen herrlichen Geschmack erst, wenn man es im kühlen Raum, in eine Folie eingeschlagen, 3 bis 4 Tage lagert.

Mohn-Roulade

Nicht vergessen: Zitronenschale, Honig, Arrak, süße Sahne, Grieß

Kenner behaupten, daß Mohnrouladen gleichwertig neben dem Christstollen bestehen können. Dieser Behauptung ist nur schwer zu widersprechen, denn Mohnrouladen sind wirklich eine köstliche Angelegenheit.

Unterscheiden wir zwei Dinge: den Hefeteig und die Füllung. Aus einem Kilo Mehl, 100 Gramm Hefe, einem halben Liter Milch, einer guten Prise Salz, 200 Gramm Zucker und 4 Eidottern wird ein ziemlich fester Hefeknetteig bereitet, den man warm stellt und eine halbe Stunde gehen läßt. In diesen Teig knetet man dann ein halbes Pfund Butter, die man vorher etwas warm gestellt hat. Für die Füllung bringt man einen halben Liter süße Sahne zum Kochen, die man mit 200 Gramm Honig süßt. In die kochende Sahne gibt man eine kleine Tasse Grieß und ein Pfund frisch gemahlenen Mohn und läßt das Ganze zu einem dicken Brei kochen, den man mit der abgeriebenen Schale einer Zitrone, einem Eßlöffel Arrak und einer Messerspitze Zimt würzt. Wenn der Mohnbrei ausgekühlt ist, rührt man noch 3 Eidotter darunter. Wer will, gibt noch 100 Gramm in Arrak eingeweichte Sultaninen dazu. Der Hefenteig wird nun – die angegebene Menge reicht für zwei Mohnrouladen – auf dem Nudelbrett so dünn wie möglich ausgewalkt, dick mit der Mohnfüllung bestrichen und eingerollt. Die Enden klebt man fest zusammen, daß die Mohnfüllung nicht herauslaufen kann.

Im vorgeheizten Rohr wird eine Mohnroulade bei etwa 200 Grad eine Stunde lang gebacken. Ausgekühlt versieht man sie mit einer Glasur aus Puderzucker und Zitronensaft.

Nikolauskuchen

Nicht vergessen: Zitronenschale, Kristallzucker, Mandelsplitter, Zimt

Dieser Kuchen ist nicht nur ein köstliches vorweihnachtliches Gebäck, sondern auch ein blitzartig zu bereitender Kuchen für die nachweihnachtliche Zeit, wenn die Gebäckschachteln schon anfangen leer zu werden.

Ein Pfund Mehl häuft man auf das Nudelbrett, macht in der Mitte eine Mulde und gibt ein halbes Pfund Zukker, ein halbes Pfund kleingeschnittene Butter, die abgeriebene Schale einer Zitrone und 4 Eiklar hinein und verknetet alles zu einem mürben Teig, den man eine halbe Stunde zugedeckt im kühlen Raum ruhen läßt. Dann wird der Teig zu einer nicht zu dünnen Teigplatte ausgewalkt, im ganzen auf ein gefettetes Blech gelegt und mit zerklopftem Eigelb bestrichen. Nun verteilt man kleine Butterflöckchen darauf und streut den Teig dick mit ganz grobem Kristall- oder Hagelzucker ein. Zuletzt gibt man Mandelsplitter oder auch gehackte Pistazien und einen Zimtschleier darüber.

Der Nikolauskuchen wird bei mittlerer Hitze im vorgewärmten Rohr etwa eine halbe Stunde lang goldgelb gebacken und noch heiß in kleine Quadrate geschnitten. Nikolauskuchen schmeckt warm und kalt.

St.-Nikolaus-Brot

Nicht vergessen: echter Jamaika-Rum, Zitronat, Orangeat, Mandeln, Sultaninen, Korinthen, Zitronenschale

5 Eigelb werden mit einem halben Pfund Zucker und der abgeriebenen Schale einer Zitrone mindestens eine halbe Stunde schaumig gerührt. Dann gibt man einen Eßlöffel besten Jamaika-Rum, 50 Gramm feingeschittenes Zitronat, 50 Gramm Orangeat, 50 Gramm gehackte Mandeln oder Nüsse, 50 Gramm Sultaninen und 50 Gramm Korinthen dazu und mischt zuletzt 250 Gramm mit einem halben Päckchen Backpulver gesiebtes Mehl darunter. Ganz zuletzt gibt man den steifgeschlagenen Schnee der 5 Eiklar dazu und rührt alles zu einem lockeren Teig, der bei mittlerer Hitze von etwa 180 Grad in einer Kastenform gebacken wird. Noch heiß aus der Form stürzen und erkaltet mit einer Glasur aus Puderzucker, einem halben Teelöffel Zimt und Rum überziehen.

Ulmer Brötchen

Nicht vergessen: Anis, Rosenwasser, Kardamom, Zimt, Nelken, Orangenschale, Orangeat, Pflaumenmus

Aus einem Kilo Mehl, einer Prise Salz, einem Viertelliter Milch, 40 Gramm Hefe, einem Ei und 200 Gramm Zucker wird ein ziemlich fester Hefenteig bereitet, in den man nach dem Gehen 125 Gramm Zucker einarbeitet und so fest durchknetet, daß der Teig nicht mehr an den Fingern klebt. Eingearbeitet in diesen Teig wird nun ein halber Teelöffel Anis, ein Teelöffel Nelken, 4 Teelöffel Zimt, ein Teelöffel Kardamom und 200 Gramm feinstgeschnittenes Orangeat. Dann läßt man den durchgearbeiteten Teig nochmals eine gute halbe Stunde gehen.

Für die Füllung rührt man dickes Zwetschgen- oder Pflaumenmus mit aromatischem Rosenwasser (was zu Rosenwasser zu sagen ist, möge der geneigte Leser bitte beim »Memminger Zuckerbrot« nachlesen) zu einem geschmeidigen Brei, den man reichlich mit abgeriebener Orangenschale würzt.

Von dem gegangenen Teig nimmt man nun apfelgroße Stücke ab, die man auf dem Nudelbrett möglichst dünn zu länglichen Fladen walkt. Diese Fladen werden mit dem gewürzten Zwetschgenmus bestrichen und eingerollt, daß etwa 15 cm lange und 5 cm dicke Rouladen entstehen, die man mit zerklopftem Ei bestreicht und im vorgeheizten Rohr bei 200 Grad etwa 30 Minuten lang bäckt. Noch heiß, schneidet man die Rouladen in etwa 2 cm dicke Scheiben.

Ihr richtiges Aroma bekommen Ulmer Brötchen erst nach einigen Tagen Ruhezeit in der kühlgestellten, luftdicht verschlossenen Dose.

Weihnachtskuchen

Nicht vergessen: Zitronenschale, Zitronat und Orangeat, Zimt, Nelken, Kardamom, Kirschwasser

Ein Pfund Honig läßt man mit 200 Gramm Zucker heiß werden, bis der Zucker zerschmolzen ist. Dieses Gemisch muß bis auf Handwärme auskühlen, dann gibt man einen Viertelliter süße Sahne, die abgeriebene Schale zweier Zitronen, 50 Gramm Zitronat, 50 Gramm Orangeat, 100 Gramm feingeriebene Haselnüsse, 2 Teelöffel Zimt, einen Teelöffel Nelken, einen Teelöffel Kardamom und zuletzt zwei Pfund mit zwei Päckchen Backpulver gesiebtes Mehl dazu und rührt alles kräftig durch. Diesen Teig gibt man in eine große, gut ausgebutterte und mit Mehl bestäubte Kastenform und bäckt ihn bei mittlerer Hitze etwa 70 Minuten. (Die angegebene Menge reicht für eine sehr große Kastenform, besser vielleicht für zwei mittlere.)

Zimtbrot

Nicht vergessen: Zitronat, Zimt, Nelken

250 Gramm Zucker, 3 große Eier, 350 Gramm Mandeln, ungeschält, gehackt und leicht auf einer Pfanne bei kleiner Hitze geröstet, Abgeriebenes von einer Zitrone, 30 Gramm Zitronat, fein gewürfelt, 10 Gramm Zimt, 1/2 Messerspitze Nelkenpulver, 400 Gramm Mehl, 1/2 Backpulver.

Zucker mit Eiern schaumig rühren, Mandeln und die weiteren Zutaten beifügen. Den Teig auf dem Brett gut durchwirken. Daraus zwei bis vier lange Rollen formen und auf gefettete Bleche legen.

Bei 200 Grad schön hellbraun backen. Etwas auskühlen lassen, dann mit scharfem Messer Scheiben von 1 cm Dicke schneiden, diese auf das Blech legen und bei 200 Grad auf beiden Seiten goldbraun rösten wie Zwieback oder Toast.

Anislaibchen

Nicht vergessen: Anis

280 Gramm Zucker werden mit 4 ganzen Eiern eine halbe Stunde schaumig gerührt. (Mit einer Küchenmaschine geht es natürlich viel schneller.) In den schaumigen Eier-Zucker-Teig gibt man 2 Teelöffel Anis und 280 Gramm Mehl. Auf ein gefettetes Blech setzt man mit einem Teelöffel kleine Häufchen und läßt sie in einem warmen Raum über Nacht trocknen. Im vorgeheizten Backrohr werden die Anislaibchen dann bei etwa 150 Grad milder Hitze 15 bis 20 Minuten lang gebacken. Die Anislaibchen bekommen dann ein kleines Zuckerhäubchen, das nicht braun werden soll, sondern weiß bleiben muß.

Himbeerbrötle

Nicht vergessen: gute, dicke Himbeermarmelade

250 Gramm Zucker mit 3 Eiern schaumig rühren, 2 Eßlöffel Himbeermarmelade beigeben, Saft und Abgeriebenes einer Zitrone, dann löffelweise 150 Gramm Mehl. Den Teig mit Kaffeelöffel auf gefettete Bleche setzen (ergibt ca. 35 Stück) und zum Übertrocknen 30 Minuten stehen lassen. Bei 200 Grad ca. 20 Minuten backen.

Ingwerkeks

Nicht vergessen: gemahlener und kandierter Ingwer

Ein halbes Pfund feiner Zucker wird mit zwei ganzen Eiern und zwei Eidotter in einer Schüssel, die man ihrerseits in einen passenden Topf mit Wasser stellt, so lange schaumig gerührt, bis das Wasser kocht. In die noch heiße Masse gibt man einen großen Eßlöffel gemahlenen Ingwer und läßt den Teig kalt werden. Dann wird ein halbes Pfund Mehl dazugegeben, das mit einem halben Teelöffel Backpulver gesiebt wurde. Das Ganze wird zu einem festen Teig geknetet, auf dem Nudelbrett fein ausgerollt und mit dem Teigrädchen in Rauten geschnitten. Die Plätzchen verziert man mit einem kleinen Stückchen kandiertem Ingwer, legt sie auf ein gefettetes Blech und läßt sie dort vielleicht zwei Stunden trocknen. Bei sehr milder Hitze werden sie dann goldgelb gebacken.

Kokosmakronen

Nicht vergessen: Zitronenschale, Zitronensaft

7 Eiklar werden zu steifem Schnee geschlagen, 375 Gramm Zucker, die abgeriebene Schale einer Zitrone und ein halbes Pfund Kokosflocken dazugegeben und das Ganze im heißen Wasserbad so lange gerührt, bis die Kokosflockenmasse heiß geworden ist. Dann gibt man den Saft einer Zitrone dazu, 100 Gramm Mehl, rührt alles kräftig durch und formt mit feuchten Händen kleine Kugeln, die man auf Oblaten setzt, mit Zukker bestäubt und bei leichter Oberhitze kurz bäckt, bis sie einen goldenen Schimmer bekommen.

Marzipanplätzchen, auch Springerle genannt

Nicht vergessen: Zitronenschale, Pottasche, Anis

Ein Pfund Zucker wird mit 4 ganzen Eiern und der Schale einer Zitrone schaumig gerührt. Mit der Hand dauert das eine Stunde, eine Küchenmaschine macht es natürlich viel schneller. Wesentlich ist für das Gelingen, daß das Ei-Zucker-Gemisch wirklich schaumig wird und seine zunächst tiefgelbe Farbe in ein leicht gelbliches Weiß verändert. Dann gibt man den Saft einer Zitrone dazu und einen Teelöffel Pottasche, die man in einem Eßlöffel lauwarmem Wasser aufgerührt hat. Das Ganze verarbeitet man auf dem Nudelbrett mit einem guten Pfund Mehl. Den fertigen Teig läßt man eine Stunde zugedeckt im Kühlen ruhen. Nun nimmt man mit dem Messer dicke Scheiben ab und verarbeitet sie nacheinander mit dem Nudelwalker in etwa 6 mm dicke Fladen, die in Holzformen, die Model, gedrückt werden. Das ist gar nicht so einfach, der Teig ist ziemlich klebrig. Am besten geht es, wenn man die Model dünn mit Mehl ausstäubt und sich den ausgewellten Teig, bevor man ihn in die Model drückt, in etwa nach der Form der runden oder eckigen Model zurechtschneidet und ihn auch etwas bemehlt, bevor man ihn in die Model drückt. Das Modelbild soll später möglichst plastisch hervortreten, deswegen muß man mit den Fingerspitzen den Teig sorgfältig in die Ornamente drücken. Wenn der Teig zu klebrig und die Model nicht richtig bemehlt worden sind, bleibt der Teig in den Modeln kleben. Wenn alles richtig geschieht, läßt sich das Teigbild leicht aus dem Model nehmen. Mit dem Messer oder dem Teigrädchen nimmt man die überhängenden Teigreste ab und schneidet die Bildchen gefällig rund, oval oder rechteckig zurecht. Auf dem Nudelbrett müssen diese Marzipanbildchen dann mindestens 24 Stunden im warmen Zimmer trocknen. Die Oberschicht mit dem Bildchen muß ganz ausgetrocknet sein, bevor die Plätzchen in die Backröhre kommen. Es ist also besser, noch einen Tag zu warten, als die Plätzchen zu früh zu backen. Die völlig fettlosen Marzipanplätzchen setzt man schließlich auf ein stark gefettetes oder gewachstes Blech, das dazu noch dick mit Anis eingestreut worden ist. Von »Backen« darf man bei Marzipanplätzchen eigentlich nicht sprechen, sie werden bei ganz milder Hitze, 150 bis 175 Grad, mehr getrocknet als gebacken. Sie sollen mit den Bildchen ein ganz weiß bleibendes Häubchen bekommen. Durchgebacken und goldgelb werden soll nur der Fuß. Nach dem Auskühlen sind Marzipanplätzchen zunächst steinhart. Erst nach 14 Tagen, wenn man sie kühl lagert, werden diese Plätzchen bißweich.

Nürnberger Plätzchen

Nicht vergessen: Honig, Nelkengewürz, Zitronat und Orangeat

1 Pfund dunkler Farinzucker wird mit 4 großen Eiern und 3 Löffeln Honig schaumig gerührt. Dann gibt man 50 Gramm Zitronat und 50 Gramm Orangeat, feingeschnitten, 1 Teelöffel gestoßenen Zimt, 100 Gramm Mandeln, 1/2 Teelöffel gestoßene Nelken und zuletzt noch 1 1/4 Pfund Mehl, mit 1/2 Päckchen Backpulver gemischt, darunter und arbeitet alles tüchtig durch. Dann setzt man walnußgroße Häufchen auf ein mit Wachs bestrichenes Blech und bäckt sie 15 bis 20 Minuten bei Mittelhitze. Sie laufen zu flachen Plätzchen auseinander, lassen sich in gutschließender Blechdose lange aufheben und überraschen durch ihren Wohlgeschmack.

Pfeffernüsse

Nicht vergessen: Kardamomen, Zimt, Nelken, Schwarzer Pfeffer, Zitronat, Zitronenschale

450 Gramm Zucker werden mit 4 Eidottern eine halbe Stunde lang schaumig gerührt. (In der Rührmaschine geht es natürlich viel schneller.) Dann wird der steife Schnee der 4 Eiklar daruntergezogen und das Ganze

noch einmal fest durchgerührt. In das schaumige Gemisch gibt man einen Teelöffel Zimt, einen halben Teelöffel Nelken, zwei gestrichene Teelöffel Kardamomen, 60 Gramm feinst geschnittenes Zitronat und die abgeriebene Schale einer ganzen Zitrone. Es ist nicht unbedingt erforderlich, aber wer will, gibt noch eine Messerspitze schwarzen Pfeffer dazu. Zuletzt kommt ein knappes Pfund Mehl in den Teig und wird mit dem Eigemisch kräftig verknetet. Wie bei den Marzipanplätzchen läßt man auch diesen Teig eine Stunde zugedeckt ruhen. Dann wird er 1 cm dick auf dem Nudelbrett ausgewalkt und mit kleinen runden Formen, die etwa 3 cm im Durchmesser haben, ausgestochen. Netter ist es, wenn man kirschengroße Kugeln dreht und sie, wie die Marzipanplätzchen, in kleine Pfeffernuß-Holzmodel drückt. Die Pfeffernüsse läßt man dann über Nacht trocknen und bäckt sie am nächsten Tag bei milder Hitze. Wie bei den Marzipanplätzchen sollen auch Pfeffernüsse ein Häubchen bekommen. Das Gelingen hängt wesentlich davon ab, ob der Zuckerteig richtig schaumig gerührt wurde. Pfeffernüsse sind nach dem Backen steinhart und bekommen den richtigen Biß erst dann, wenn man sie 14 Tage in einer verschlossenen Blechdose liegen läßt.

Pomeranzenbrötchen

Nicht vergessen: Zitronat, Orangeat, Zitronenschale, Orangenschale

Ein Pfund Zucker wird mit 4 ganzen Eiern sehr schaumig gerührt, per Hand mindestens 30 Minuten. Dann werden noch 4 Eigelb unter die Zuckermasse gerührt, die abgeriebene Schale einer Zitrone und einer Orange, 100 Gramm feinstgeschnittenes Zitronat und 100 Gramm Orangeat. Auf dem Nudelbrett wird das Ganze mit 650 Gramm Mehl durchgeknetet, dann kleine, runde, etwa walnußgroße Teigkugeln gedreht, die mit dem Messer kreuzweise wie Kaisersemmeln eingeschnitten werden. Die Kerben legt man mit in dünne Streifen geschnittenem Orangeat aus und bäckt die Pomeranzenbrötchen bei milder Hitze goldgelb.

Zitronenrädchen

Nicht vergessen: Zitronen, Zitronat

2 Eiklar werden zu steifem Schnee geschlagen, nach und nach 375 Gramm Zucker dazugegeben und alles mindestens eine halbe Stunde lang sehr schaumig gerührt. Dann gibt man die abgeriebene Schale zweier Zitronen dazu und den Saft von 2 Zitronen und rührt alles noch einmal kräftig durch. In diesen Zuckerschaum gibt man nun 50 Gramm feinstgeschnittenes Zitronat und 375 Gramm ungeschälte, gemahlene Mandeln. Auf bemehltem Nudelbrett knetet man den Teig leicht durch, rollt ihn auf grobem Zucker in kleine Fladen (er klebt leicht an!) nicht zu dünn aus und sticht mit einem runden Förmchen, man kann auch ein Likörglas dazu nehmen, Plätzchen aus, die man auf runde Oblaten legt und bei milder Hitze ganz leicht bäckt. Ausgekühlt werden die Plätzchen mit einer Glasur aus Puderzucker und Zitronensaft bestrichen, der man als Würze wiederum etwas geriebene Zitronenschale beigegeben hat.

Haferflockenkrokant

Nicht vergessen: süße Sahne

In einer weiten Pfanne wird ein halbes Pfund Haferflocken in 50 Gramm Butter leicht angeröstet. In einer zweiten Pfanne bringt man nun 350 Gramm Zucker unter ständigem Umrühren zum Zerschmelzen und läßt den Zucker mittelbraun karamelisieren. Den braunen Zucker löscht man mit einer guten halben Tasse süßer Sahne ab, läßt den Karamelzucker mit der Sahne aufkochen und gibt dann die gerösteten Haferflocken dazu. Alles wird kräftig durchgerührt, und wenn die Masse etwas abgekühlt ist, formt man daraus etwa kirschgroße Kügelchen, die in grobem Kristallzucker gewälzt werden.

Haferflockenmakronen

Nicht vergessen: Rübensirup, Zimt, Zitronenschale

In einer großen flachen Pfanne werden 100 Gramm Butter erhitzt und darin ein halbes Pfund Haferflocken gut durchgeröstet. Zuletzt gibt man 100 Gramm Zucker darüber und wendet auf starker Flamme die gezuckerten Haferflocken so lange um, bis der Zucker anfängt zu karamelisieren. Dann nimmt man die Haferflocken vom Herd und läßt sie zunächst unter ständigem Rühren – sonst bräunen sie nach – erkalten. Das Rühren ist auch wichtig, damit sich keine Klumpen bilden. Nun werden 200 Gramm Rübensirup mit 2 Eiern und 30 Gramm weicher Butter gut verrührt, ein Teelöffel Zimt, die abgeriebene Schale einer halben Zitrone, ein Teelöffel Backpulver und 2 Eßlöffel Mehl dazugegeben. Die gerösteten Haferflocken mischt man nun mit dem Sirupteig und setzt teelöffelweise die gut durchgerührte Masse auf kleine runde Oblaten. Die Haferflockenmakronen werden bei mittlerer Hitze von etwa 200 Grad goldgelb gebacken.

Haselnußbrot

Nicht vergessen: Zitronenschale, Zitronat

3 ganze Eier und 150 Gramm Zucker werden eine halbe Stunde schaumig gerührt. Nach und nach gibt man ein halbes Pfund Mehl dazu, würzt mit der abgeriebenen Schale einer Zitrone und knetet 120 Gramm grob gewürfeltes Zitronat und 150 Gramm ganze Haselnüsse in den Teig. Der Teig muß so fest sein, daß man ein längliches Brot daraus formen kann – eventuell knetet man noch etwas Mehl dazu. Das Haselnußbrot wird bei mittlerer Hitze von 180–200 Grad etwa 40 Minuten lang gebacken. Zunächst empfiehlt es sich, um ein zu schnelles Bräunen zu verhindern, den Wecken mit einer Alufolie oder einem Bogen Pergamentpapier abzudekken. Das fertige Haselnußbrot wird noch heiß in etwa 2 cm dicke Scheiben geschnitten und kalt gegessen.

Haselnußlaiberl

Nicht vergessen: Vanillezucker, Zitronenschale

2 ganze Eier werden mit einem halben Pfund Farinzucker schaumig gerührt. Eine Küchenmaschine ist zu diesem Zweck schon sehr nützlich, mit der Hand braucht man etwa eine Stunde. In diesen Eierschaum kommen nun gut 300 Gramm geriebene Haselnüsse, ein Päckchen Vanillezucker und die abgeriebene Schale einer halben Zitrone. Nun formt man mit angefeuchteten Händen kleine, flache Kugeln, setzt sie auf runde Oblaten und drückt jeweils in die Mitte eine dicke Haselnuß. Die Haselnußlaiberl werden bei mittlerer Hitze um 200 Grad etwa 20 Minuten gebacken. Wenn sie abgekühlt sind, kann man sie mit einer Glasur aus Puderzucker, Arrak und einigen Tropfen Zitronensaft bestreichen.

Haselnußstangen

Nicht vergessen: Zitronenschale, Zimt, Oblaten

Ein ganzes Ei wird mit dem Schneebesen schaumig geschlagen und 210 Gramm Haselnüsse, 210 Gramm Zukker und das Abgeriebene einer halben Zitrone dazugegeben. Dieser sehr klebrige Teig wird mit ganz wenig Mehl und feuchten Fingern auf dem Nudelbrett etwa 5 mm dick auseinandergewellt und in etwa 6 cm lange und 2 cm breite Streifen geschnitten. Die noch rohen Haselnußstangen legt man auf ein Blech, das mit Oblaten ausgelegt ist. Nun – noch vor dem Backen – schlägt man ein Eiweiß zu Schnee und rührt es mit 1/4 Pfund Puderzucker so lange, bis es dick und cremig geworden ist und würzt es mit einer guten Messerspitze Zimt. Vielleicht gibt das Eiweiß allein zu wenig Flüssigkeit, dann wird man die Glasur – tropfenweise! – mit etwas Zitronensaft verdünnen. Auf jedes Haselnußstängelchen trägt man nun ziemlich dick die Glasur auf und bäckt die Plätzchen im vorgewärmten Backrohr bei etwa 150 Grad Temperatur.

Nußplätzchen

Nicht vergessen: Arrak, Zitrone, Zimt

1 Pfund Zucker wird mit 4 Eigelb tüchtig verrührt, dann kommt das Abgeriebene einer Zitrone dazu und nach Geschmack auch etwas Saft und ein reichlicher Schuß Arrak, gestoßener Zimt (20 g) und 1 Pfund geriebene Haselnüsse, alles wird gut vermengt und dann der Eischnee der 4 Eiweiß vorsichtig daruntergegeben. Nun formt man kleine Bällchen, setzt diese auf Oblaten und bäckt sie bei nicht zu großer Hitze etwa 25 Minuten. Schmecken sehr gut!

Rosenmakronen

Nicht vergessen: Hagebuttenmarmelade, Zitronensaft, Rosenwasser, Oblaten

2 Eiweiß werden zu steifem Schnee geschlagen und mit 280 Gramm Zucker und etwas Zitronensaft gut schaumig gerührt. In dieses Ei-Zucker-Gemisch gibt man 200 Gramm abgezogene und geriebene Mandeln, 2 Eßlöffel dicke, gute Hagebuttenmarmelade, 1 Eßlöbel aromatisches Rosenwasser, formt mit nassen Händen kleine Laibchen und setzt sie auf runde Oblaten. Mit dem Finger drückt man in die Mitte der Makronen kleine Vertiefungen und füllt sie mit Hagebuttenmarmelade. Die Makronen werden im vorgeheizten Rohr bei 175 Grad 20 Minuten lang goldgelb gebacken.

Russische Mandelstangen

Nicht vergessen: Zimt, Zitronenschale

Ein halbes Pfund Butter sehr schaumig rühren und nach und nach 200 Gramm Zucker, 3 Eidotter, 2 Teelöffel Zimt, die abgeriebene Schale einer halben Zitrone dazugeben und alles zusammen mindestens eine halbe Stunde durchrühren. Nun gibt man den Schnee der 3 Eiklar dazu, 300 Gramm geschälte, geriebene Mandeln und 450 Gramm Mehl. Die Masse wird noch einmal gut durchgerührt, in einen Spritzbeutel gefüllt und damit etwa 8 cm lange Stängelchen auf ein gut gefettetes Blech gespritzt. Dann stellt man das Blech für eine halbe Stunde in einen kühlen Raum, daß die Teigstängelchen erstarren. Bei guter Mittelhitze von 200–220 Grad werden die Russischen Mandelstangen etwa 20 Minuten lang goldgelb gebacken. Für dieses Gebäck ist es besonders wichtig, daß es erstens vor dem Backen kalt gestellt wurde, und zweitens dann sofort nicht in ein kaltes, sondern in ein gut vorgeheiztes Rohr kommt. Nur auf diese Weise bleibt die hübsche Spritzzeichnung des Gebäcks erhalten und zerläuft nicht.

Mandelmakronen

Nicht vergessen: Zitronenschale, Zitronat, Orangeat, Bittermandelaroma, Oblaten

Ein halbes Pfund süße Mandeln werden überbrüht, abgezogen und im warmen Rohr eine halbe Stunde lang abgetrocknet und schließlich gemahlen. Nun wird 200 Gramm Zucker mit 30 Gramm feinst geschnittenem Zitronat, 30 Gramm Orangeat mit dem Saft einer halben Zitrone und 3 zu steifem Schnee geschlagenen Eiweiß cremig gerührt, mit der abgeriebenen Schale einer halben Zitrone gewürzt und die gemahlenen Mandeln daruntergehoben. Unerläßlich als Gewürz für Mandelmakronen ist das Aroma der bitteren Mandel, das man am besten dosieren kann, wenn man gleich Bittermandelöl verwendet. Wenn man nur ein wenig zuviel davon nimmt, ist der ganze feine Geschmack der Makronen ruiniert. Für die oben genannte Menge genügen 2–3 Tropfen, eher weniger. Die Mandelmasse gibt man teelöffelweise auf kleine, runde Oblaten, besser ist es, man formt mit feuchten Fingern im Handteller kleine Laibchen, die man dann auf die Oblaten legt. Oben drauf steckt man eine halbe geschälte Mandel. Bei ganz leichter Hitze, 150–175 Grad, werden die Makronen im vorgeheizten Rohr goldgelb gebacken.

Walnußmakronen

Nicht vergessen: Zitronensaft, Zitronenschale

300 Gramm Zucker werden mit 3 ganzen Eiern und dem Saft einer halben Zitrone mindestens eine halbe Stunde lang sehr schaumig gerührt. Dieser Zuckerteig wird mit der abgeriebenen Schale einer halben Zitrone gewürzt. Nach und nach gibt man nun unter ständigem Rühren 300 Gramm feingeriebene Walnußkerne darunter. Von dieser Masse gibt man je einen Teelöffel in kleinen Häufchen auf kleine runde Oblaten und bäckt sie bei mittlerer Hitze goldgelb. Wichtig ist zu wissen, daß man diesen Teig sofort nach dem Fertigstellen backen soll, dann werden die Makronen schön locker. Man darf sich also nicht zuviel Teig auf einmal vorbereiten, denn der Teig, der auch nur eine Stunde gestanden hat, gerät nicht mehr so schön wie der sofort verarbeitete.

Walnußwürfel

Nicht vergessen: Zitrone, Aprikosenmarmelade, Arrak

160 Gramm frische Butter wird in kleine Stücke geschnitten und etwas warm gestellt, ohne sie zerlaufen zu lassen. In der Küchenmaschine oder mit der Hand wird sie dann sehr flaumig gerührt und nach und nach 280 Gramm Zucker, 8 Eidotter, der Saft einer Zitrone, abgeriebene Schale einer Zitrone, 70 Gramm mit Stärkemehl gemischtes Mehl und 280 Gramm geriebene Walnüsse dazugegeben. Zuletzt wird der Schnee der 8 Eiweiß daruntergehoben. Ein großes Backblech legt man nun mit Pergamentpapier oder mit Folie aus und biegt die Ränder hoch. Der schaumige Teig wird nun etwa 2 cm hoch auf die Folie gestrichen und bei sehr milder Hitze von 150–175 Grad im vorgeheizten Rohr gebacken, bis er gerade gar geworden ist. Man läßt den Teig nicht auskühlen, sondern schneidet ihn, ohne ihn von der Folie zu nehmen, in quadratische Würfel von etwa 4 cm Seitenlänge. Nun läßt man sie erkalten und nimmt sie erst dann mit dem Messer von der Folie. Je zwei dieser quadratischen Schnitten werden mit feinverrührter Aprikosenmarmelade zusammengeklebt. Für die Glasur schlägt man 2 Eiklar steif und verrührt damit einen Teelöffel Arrak und etwa 180 Gramm Puderzucker – von Hand etwa 20 Minuten – zu einer dicken Creme. Mit einem kleinen Kleckschen Glasur klebt man nun zuerst auf jeden gefüllten Würfel eine Walnußhälfte und läßt sie festtrocknen. Ist sie das, taucht man die ganzen Wür-

fel – man spießt sie am besten mit einer Stricknadel auf – in die Zuckerglasur und legt sie auf Pergamentpapier oder Folie zum Trocknen.

Walnußschnitten

Nicht vergessen: Zimt, Nelken, Zitronat, Hirschhornsalz, Zitronenschale

Ein Pfund Zucker wird mit 5 Eiern mindestens eine halbe Stunde sehr schaumig gerührt. Dann würzt man mit der abgeriebenen Schale einer Zitrone, einem halben Teelöffel Zimt, einer Messerspitze Nelken, 100 Gramm feingeschnittenem Zitronat und rührt einen halben Teelöffel in einem Eierbecher lauwarmer Milch aufgelöstes Hirschhornsalz darunter. Nun gibt man ein halbes Pfund grob gehackte Walnußkerne darunter und ein Pfund Mehl. Dieser Teig wird etwa 1 cm dick auf ein mit Pergamentpapier oder Folie ausgelegtes Backblech aufgetragen und im vorgewärmten Rohr bei etwa 180 Grad 20 Minuten lang gebacken. Noch warm wird der Teig in kleine Rauten geschnitten. Wer will, kann die Schnitten mit dünnem Zuckerguß überziehen.

Wespennester

Nicht vergessen: Vanilleschote, bittere Markenschokolade

250 Gramm Mandeln werden fein gehackt, mit etwas Zucker hell geröstet und ausgekühlt. Eiweiß zu steifem Schnee schlagen, 250 Gramm Zucker – über Nacht oder auch länger mit dem kleingeschnittenen Viertel einer Vanilleschote vermischt zugedeckt aufbewahrt und vor Verwendung durchgesiebt –, 100 Gramm bittere geriebene Schokolade, eine Prise Zimt und die Mandeln beigegeben. Mit einem Teelöffel Häufchen auf ein gewachstes Blech setzen und bei 150 Grad backen. Das Gebäck muß innen weich bleiben.

Zimtsterne

Nicht vergessen: Zimt, Nelken, Zitronenschale

4 Eiklar werden zu steifem Schnee geschlagen und dann mit 280 Gramm Zucker, einer halben abgeriebenen Zitronenschale, einem Eßlöffel Zimt und einer Messerspitze Nelken noch eine halbe Stunde cremig gerührt. Unter diese Zuckermasse arbeitet man 300 Gramm unabgezogene, geriebene Mandeln. Dieser sehr klebrige Teig läßt sich schwer verarbeiten. Am besten geht es, wenn man das Nudelbrett mit wenig Mehl und grobem Zucker bestreut, vom Teig kleine Fladen abschneidet und mit den Fingern auf dem Nudelbrett nicht zu dünn auseinanderdrückt. Aus dem flachgedrückten Teig werden Sterne ausgestochen, die man dann mit der glatten Unterseite nach oben auf ein mit Oblaten ausgelegtes Blech legt.

Für die Glasur schlägt man ein Eiklar steif und rührt es mit einem Viertelpfund Puderzucker so lange, bis es dick und cremig geworden ist. Eventuell kann man mit etwas Arrak verdünnen. Zuletzt gibt man einen halben Teelöffel Zimt dazu, rührt nochmal kräftig durch und trägt die Glasur vorsichtig und gleichmäßig auf die noch ungebackenen Teigsterne auf. Wer will, kann ein paar Körner bunten Streuzucker darübergeben. Bei ganz milder Hitze von 150–170 Grad werden die Zimtsterne im vorgeheizten Rohr gebacken.

Bärentatzen

Nicht vergessen: halbbittere Schokolade, Vanillezukker, Oblaten

4 Eier werden mit dem Schneebesen schaumig gerührt und ein gutes Pfund feiner Zucker dazugegeben. Nun wird dieses Gemisch weiter gerührt, bis es dick-cremig geworden ist. Das dauert mit der Hand mindestens eine halbe Stunde, mit der Maschine geht es schneller. In diesen Cremeschaum gibt man ein Tütchen Vanillezucker und 3 Tafeln zu je 100 Gramm von feinster halbbitterer Schokolade, keine Blockschokolade. Zuletzt gibt man 550 Gramm unabgezogene geriebene Mandeln dazu und knetet den Teig. Aus diesem Teig werden kirschgroße Kugeln gedreht und diese in die speziellen kleinen Muschelformen gedrückt, die man zuvor mit grobem Zukker ausgestreut hat. Die Bärentätzchen legt man auf kleine runde Oblaten und läßt sie über Nacht trocknen. Am folgenden Tag trocknet man sie im vorgewärmten Rohr bei 150 Grad etwa eine halbe Stunde.

Dominosteine

Nicht vergessen: Kakao, Zimt, Nelken, Kardamom, Jamaika-Rum

Ein Pfund Honig gibt man in einen Tiegel und läßt den Honig mit 150 Gramm Zucker, 200 Gramm Butter, 4 Eßlöffeln Kakao und 3 Eßlöffeln Rum, einem Teelöffel Zimt, einer Messerspitze Nelken und einem halben Teelöffel Kardamon heiß werden. Dann nimmt man die Masse vom Feuer, läßt sie auf Handwärme abkühlen und gibt 4 Eier und 1½ Pfund Mehl dazu, das mit einem Päckchen Backpulver gesiebt wurde. Dieser Teig wird etwa 1½ cm dick auf ein gut gefettetes Blech aufgestrichen und im ganzen bei milder Hitze von etwa 180 Grad 20 Minuten lang gebacken. Noch heiß wird der gebackene Teig in kleine Quadrate von der Seitenlänge 3 cm geschnitten, vom Blech genommen und zum Auskühlen gestellt. In der Zwischenzeit verrührt man dick eingekochtes Zwetschgenmus mit etwas Kirschwasser und würzt es mit Muskat. Je zwei der erkalteten quadratisch geschnittenen Küchelchen werden mit der Zwetschgenmusmasse gefüllt, zusammengeklebt und schließlich in zerlassene Schokolade getaucht. Die Schokolade sollte nicht süß, sondern möglichst bitter sein. Die dieserart glasierten Dominosteine legt man auf mit Wasser benetzte Porzellanteller oder auf Pergamentpapier und läßt sie erstarren.

Dominosteine gewinnen ihr unvergleichliches Aroma erst, wenn man sie 3 oder 4 Tage mindestens ruhen läßt.

Gefüllte Oblaten

Nicht vergessen: Vanillezucker, Jamaika-Rum

Ein halbes Pfund Palmin in einem Tiegel zerlaufen lassen und 3 Tafeln in kleine Stückchen gebrochene bittere Markenschokolade dazugeben und zusammen mit dem Palmin schmelzen lassen. Das Fett-Schokolade-Gemisch nimmt man dann vom Feuer, stellt es kalt, und wenn es anfängt zu stocken, gibt man unter ständigem Rühren 4 Eidotter, ein halbes Pfund Puderzucker, ein Päckchen Vanillezucker und einen Eßlöffel Jamaika-Rum dazu. Die Masse wird mindestens 20 Minuten gerührt, schließlich gibt man den Schnee der 4 Eiklar darunter und bestreicht mit dem Teig kleine runde Oblaten, die zu dreien aufgeschichtet werden. Die gefüllten Oblaten stellt man in einen sehr kühlen Raum, am besten in den Eisschrank; wenn sie ganz erstarrt sind, werden sie mit einem scharfen Messer geviertelt. Diese kleinen Schnitten sind vor allem bei Kindern außerordentlich beliebt.

Schokolademakronen

Nicht vergessen: eine Tafel bittere Schokolade

Wie oben gesagt, muß man für Schokolademakronen wirklich Schokolade nehmen und nicht Kakao. Es darf auch keine Blockschokolade sein, das Gelingen der Makronen hängt wesentlich davon ab, ob wirklich gute, bittere Qualitätsschokolade genommen wird.

Eine 100-Gramm-Tafel bittere Schokolade wird fein gerieben und mit 140 Gramm Zucker, 140 Gramm abgezogenen und geriebenen Mandeln vermengt. Nun werden 3 Eiweiß zu steifem Schnee geschlagen und vorsichtig mit dem Zucker-Schokolade-Mandel-Gemisch verrührt. Auf kleine, runde Oblaten gibt man einen Teelöffel voll Teig und bäckt die Makronen – fast würde ich sagen »trocknet« sie – bei gelinder Hitze von 150 Grad 15 Minuten im vorgeheizten Rohr.

Schokoladeplätzchen

Nicht vergessen: Bittere Schokolade, 1/2 Vanilleschote oder 1 Päckchen Vanillepulver, Maizena

125 Gramm feingeriebene und durchgesiebte Schokolade, 125 Gramm feiner Zucker und 60 Gramm Maizena werden vermischt. Dazu gibt man wahlweise ein Päckchen Vanillepulver oder eine halbe Vanilleschote, die man einige Tage vor dem Backen zerschnitten und, mit Zucker vermischt, zugedeckt aufbewahrt hat. Dann schlägt man 6 Eiweiß zu steifem Schnee und zieht diesen vorsichtig unter die übrigen Zutaten.

Von dieser Masse werden kleine Plätzchen auf ein mit Wachs bestrichenes Backblech gehäuft und bei mäßiger Hitze gebacken.

Schokoladeschäumchen

Nicht vergessen: Schokolade, Vanillezucker

Im Wasserbad läßt man 260 Gramm bittere Markenschokolade weich werden. In einer Schüssel schlägt man 4 Eiklar zu steifem Schnee und gibt 2 Tütchen Vanillezucker und 400 Gramm feinen Zucker dazu. Dieses Gemisch muß nun mindestens eine halbe Stunde lang sehr cremig gerührt werden. Schließlich gibt man nach und nach die dick-cremig zerlaufene Schokolade dazu und rührt alles noch einmal kräftig durch. Mit einem Teelöffel setzt man nun kleine Teighäufchen auf runde Oblaten und bäckt die Schokoladeschäumchen bei etwa 150 Grad im vorgewärmten Rohr etwa 15 Minuten lang.

Glänzende Geduld oder Windchen

Nicht vergessen: Eier sollen so frisch wie möglich sein

6 Eiweiß werden zu recht steifem Schnee geschlagen, ein halbes Pfund feingesiebter Zucker und eine abgeriebene Zitrone daruntergerührt, mit einem Teelöffel aufs Papier gesetzt und dann in nicht zu heißem Ofen gebacken.

Als leichte Beigabe, vielleicht zu Kompott oder zum Silvesterpunsch.

Karameldatteln

Nicht vergessen: Kakao, Vanillezucker

Für diese beliebte Leckerei nehme man etwa 1 Pfund unglasierte Datteln, wie man sie im Reformhaus bekommen kann. Mit einem scharfen Messer schneidet man sie Stück für Stück auf, nimmt den Kern heraus und legt statt dessen eine geschälte Mandel hinein. Nun läßt man etwa 350 Gramm Zucker unter ständigem Rühren karamelisieren – Vorsicht, nicht zu braun und nur gerade eben flüssig werden lassen! – und gibt zuletzt einen Teelöffel bitteren Kakao und ein bis zwei Päckchen Vanillezucker dazu. Nach und nach taucht man nun jede mit einer Mandel gefüllte Dattel in das heiße Karamel – man benützt dazu eine zweizinkige Fleischgabel oder eine Stricknadel – und legt die Karameldatteln auf einen mit Wasser benetzten Teller zum Abkühlen.

Auf diese Weise können auch kleingeschnittene getrocknete Feigen, Sultaninen, kandierter Ingwer oder, was ganz ausgezeichnet ist, die Hälften von Walnußkernen mit einer Karamelschicht überzogen werden.

Kastanienkonfekt

Nicht vergessen: Vanillezucker, besser noch Vanilleschote

2 Pfund Speisekastanien werden – das kostet einige Geduld – geschält. Dabei ist sorgfältig darauf zu achten, daß die Kastanien nicht verdorben sind, eine einzige schlechte ode verschimmelte Kastanie könnte sonst das ganze Konfekt ruinieren. Vielfach werden auch Kastanien vom alten Jahr angeboten, man kennt sie daran, daß sie nicht mehr so stramm und fest sind wie frische. Die geschälten Kastanien wiege man, es sollten nach dem Schälen etwa 800 Gramm sein. Dann gibt man die Kastanien in einen Tiegel, brüht sie mit kochendem Wasser und kocht sie kurz auf, bis sich die braune Innenhaut leicht ablösen läßt. Die geschälten Kastanien kocht man nun in ganz wenig Wasser, dem man ein Tütchen Vanillezucker oder eine ganze Vanilleschote beigefügt hat, so lange, bis sie ganz weich geworden sind. Dann zerstößt man sie in einem Mörser oder treibt sie durch den Fleischwolf. In der Zwischenzeit kocht man 200 Gramm Zucker mit 4 Eßlöffeln Wasser, bis er Faden zieht, läßt ihn abkühlen und gibt dann die zerdrückten Kastanien dazu. Diese Masse wird fest verknetet und schließlich mit feuchten Händen zu kleinen Kugeln, Kringeln oder Würstchen geformt, die man über Nacht im warmen Raum trocknen läßt. Am anderen Tag taucht man sie in zerlassene Schokolade oder dickflüssige Zuckerglasur. Kastanienkonfekt ist eine begehrte Köstlichkeit auf dem Weihnachtsteller. Es macht viel Mühe. Wem das Schälen

der Kastanien zu umständlich ist, kann auch einen anderen Weg gehen: Die frischen Kastanien kreuzweise einschneiden und im Backofen bei starker Hitze wie eben Maroni braten. Die Schale läßt sich dann leicht entfernen. Dunkle oder angebrannte Stellen werden weggeschnitten. Und dann werden die Maroni wie vorher beschrieben mit Vanille und etwas Wasser so weich gekocht, daß sie sich leicht zerstoßen lassen.

Marzipan

Nicht vergessen: Rosenwasser

Marzipan – allein schon das Wort zergeht einem auf der Zunge. Eine teure Delikatesse, wenn man sie kauft. Und in Wirklichkeit wesentlich billiger und unschwer selbst herzustellen.

Unterscheiden wir zwei Arten von Marzipan: Marzipan eben, meist mit Schokolade überzogen, schnittfest, nicht zu süß, ungebacken und als sogenanntes »Lübecker Marzipan« im Handel. Das gebackene Marzipan soll angeblich das sogenannte »Königsberger Marzipan« sein, aber da sind sich die Köche offenbar nicht einig. Lübekker Marzipan – Königsberger Marzipan – wir wollen nicht streiten, wem welches zuzuordnen ist. Klar ist, daß die berühmte Mandel-Zucker-Rosenwassermischung, aus der das Marzipan jedenfalls besteht, roh und gebacken köstlich schmeckt; ob das Produkt nun Königsberger oder Lübecker oder einfach nur Marzipan heißt, in diesen Streit wollen wir uns nicht einlassen.

Marzipan, das ist sicher, ist ein Gemisch aus Mandeln, Zucker und Rosenwasser. Wir möchten zunächst beim letzten einhaken, beim Rosenwasser. Wie beim »Memminger Zuckerbrot« ausgeführt wird: Rosenwasser ist nicht gleich Rosenwasser, vor allem ist das kein Rosenwasser, was man an schalschmeckendem destilliertem Wasser in den Apotheken als »Rosenwasser« zu kaufen bekommt. Rosenwasser muß duften, duften nach den Rosenfeldern des Orients, nach einem Traum von Tausendundeiner Nacht. Rosenwasser ist Parfüm des Marzipans, nicht mehr und nicht weniger, und es ist ganz klar, daß Rosenwasser, das nicht mehr nach Rosen duftet, kein Rosenwasser ist und für Marzipan nicht benützt werden kann.

Gehen wir davon aus, daß wir echtes Rosenwasser bekommen. Wir kaufen etwa 600 Gramm abgezogene, schöne, weiße Mandeln und besorgen uns – wir rechnen 600 Gramm süße Mandeln – noch etwa 10 Gramm bittere Mandeln. Die süßen und die bitteren Mandeln werden feingerieben und dann noch in einem Mörser – so man ihn hat – zerstoßen. Wenn ein Mörser nicht aufzutreiben ist, läßt man die bereits geriebenen Mandeln noch ein bis zweimal durch die Fleischmaschine. Das Endprodukt sollen nicht »geriebene Mandeln« sein, sondern zerquetschte Mandeln. Über die zerquetschten Mandeln (wir sind von etwa 600 Gramm ausgegangen) gibt man ein halbes Pfund Puderzucker und soviel Rosenwasser, daß sich ein fester, bündiger Teig kneten läßt. Mit diesem Teig ist das ungebackene Marzipan schon fertig. Das einfachste Verfahren ist es nun, diesen Teig in kirschgroße Kugeln zu drehen und sie entweder in zerlassene, bittere Schokolade zu tauchen oder nur in schwach entöltem Kakao zu wälzen. Das sind die überall beliebten Marzipankartoffeln.

Das Gemisch aus Mandeln, Zucker und Rosenwasser kann man aber auch in einen Tiegel geben und bei milder Hitze so lange rühren, bis sich die Masse wie bei einem Brandteig vom Topfboden löst. Aus dieser leicht angebratenen Masse formt man Kartöffelchen, winzige Brezeln, Kringel, Brötchen oder Stängelchen und bäckt sie auf gewachstem Blech im vorgeheizten Rohr bei etwa 150 Grad milder Hitze 15–20 Minuten. Das ist mehr ein Trocken- als ein Backvorgang, und es ist geraten, das Backrohr währenddessen offenzulassen.

Wer kleine Holzmodel besitzt, wie sie für die sogenannten »Marzipanplätzchen« gebräuchlich sind, kann die Marzipanmasse auch in diese Holzmodel drücken – man wird sie nicht mit Mehl ausstäuben, sondern mit kaltem Wasser benetzen – und sie dann herausbacken.

Wichtig für jede Art von Marzipan ist es, daß nicht zuviel Zucker verwendet wird. Die Gleich-auf-Gleich-Rezepte, also ein Pfund Mandeln auf ein Pfund Zucker, sind immer zu süß, und weder der feine Geschmack der Mandeln noch das herrliche Aroma von Rosenwasser kommen dabei zur Geltung.

Nonnenseufzer

Wie wär's anstelle eines Silvesterkrapfens mit dieser Variante?

Ein Schoppen (1/2 Liter) Milch wird gekocht, vom Feuer genommen und drei Handvoll Mehl hineingerührt, ein muskatnußgroßes Stück ungesalzene Butter, fünf bis sechs Eier, eins nach dem andern, dazugegeben, weiter zart gerührt und dann löffelweise langsam in Schmalzbutter gebacken, wohl geschüttelt beim Backen, dann zum Abtropfen auf Löschpapier gelegt. Dann auf die Schüssel und mit Zucker bestreut.

Nougat-Stangen

Nicht vergessen: Zitronensaft, Vanillezucker

300 Gramm süße, abgezogene Mandeln und 3 Stück bittere, abgezogene Mandeln werden fein gerieben und schließlich noch weiter im Mörser zerstoßen oder durch den Fleischwolf getrieben. Dann läßt man in einer Pfanne 300 Gramm Zucker karamelisieren, gibt die zerstoßenen Mandeln, ein Päckchen Vanillezucker und 2 Eßlöffel Zitronensaft dazu und läßt das Ganze auf kleinster Flamme noch 10 Minuten weiterkochen. Die Mandelmasse gibt man dann auf eine mit kaltem Wasser benetzte Porzellanschale und schneidet sie, bevor sie ganz erkaltet ist, mit einem heißen Messer in kleine Stückchen.

Plumpudding

Plumpudding ist *die* englische Weihnachtsspezialität, und die Bewohner der Britischen Inseln, so sagt man, können ohne Plumpudding gar nicht Weihnachten feiern.

Mit diesem Pflaumenpudding, wie der Plumpudding auf deutsch heißt, ist es so eine Sache: Ungeheuer viele Zutaten werden sehr mühselig verarbeitet, und, gerät er nicht, ist Plumpudding zweifelsohne eine Speise, die zumindest den Kontinentbewohnern tagelang im Magen liegt.

Um diesem vorzubeugen, heißt unser Rat: nur beste Zutaten, die frischesten Eier, den besten Rum, die frischesten Mandeln, Rosinen und das beste Zitronat benützen. Vor allem mit den hier reichlich verwendeten Semmelbröseln kann man, wenn diese altgelagert sind, den Plumpudding schon von Anfang an ruinieren. Hier lohnt sich der Gang zum Bäcker, der bestimmt ganz frische, hausgemachte Semmelbrösel herstellt.

Eine weitere sehr wichtige Zutat ist das Kalbsnierenfett. Auch hier soll man keine vorpräparierten Fette kaufen, die womöglich schon wochenlang stehen. Das richtige Kalbsnierenfett bekommt man nur beim Metzger, und man kaufe es im Rohzustand.

Nicht vergessen: Orangeat, Zitronat, Mandeln, Sultaninen, Korinthen, Zitronenschale, Zimt, Nelken, Kardamom, Piment, Äpfel, Jamaika-Rum.

Ein Viertelpfund Kalbsnierenfett wird gut ausgewaschen, fein geschnitten und mit der Gabel noch weiter zerdrückt. Dann weicht man 2 Semmeln vom vorigen Tag in etwas lauwarmer Milch ein, drückt sie aus und zerstößt sie fein mit dem Kalbsnierenfett. In einer anderen Schüssel schlägt man 4 Eiklar zu steifem Schnee, gibt dann die 4 Eidotter dazu und 80 Gramm Zucker und rührt dieses Ei-Zucker-Gemisch mindestens eine halbe Stunde. Dann gibt man einen Eßlöffel Milch, 5 Eßlöffel besten Jamaika-Rum hinein, 2 feingeschnittene Äpfel einer sauren Art, einen halben Teelöffel Zimt, einen halben Teelöffel Kardamom, eine Messerspitze Nelken, eine Messerspitze Piment, eine Prise Muskatnuß, die abgeriebene Schale einer Zitrone, ein Viertelpfund Sultaninen, 70 Gramm Korinthen, 70 Gramm abgezogene, geriebene süße Mandeln, einen Tropfen Bittermandelöl, 50 Gramm feingehacktes Zitronat, 50 Gramm Orangeat, 150 Gramm Semmelbrösel (sehr frisch!) und eine kleine Tasse mit einem halben Päckchen Backpulver zweimal gesiebtes Mehl. Alle diese Zutaten in der zweiten Schüssel werden zu einem geschmeidigen Teig verarbeitet und schließlich auch das mit den eingeweichten Semmeln zerdrückte Kalbsnierenfett daruntergearbeitet. Der fertige Teig wird in eine gefettete, mit Semmelbröseln ausgestreute Puddingform gefüllt, die mit einem auch ausgefetteten Deckel dicht verschlossen wird. Die gefüllte Puddingform stellt man in einen geeigneten

Tiegel mit kaltem Wasser, bringt das Wasser zum Sieden und läßt den Pudding, ohne daß das Wasser stark strudelt, 2–3 Stunden lang, eventuell auch länger, garen. Dann nimmt man die Form aus dem Wasser und läßt sie etwas abkühlen, bevor man den Pudding stürzt.

Will man den Plumpudding heiß essen, bestreut man ihn dick mit Zucker, gießt eine Tasse Rum darüber, zündet ihn an und serviert ihn brennend.

Plumpudding ist aber auch kalt eine Köstlichkeit. Im festverschlossenen Glas kann man den Plumpudding wochenlang aufheben.

Großmutters Köchin hat Plumpudding stückweise in Weckgläsern eingeweckt. Ein feines Schnittchen Plumpudding ist über das ganze Jahr hinweg ein guter und recht überraschender Nachtisch, vor allem, wenn man ihn kalt oder heiß in heißer Weinsoße serviert.

Für Interessenten: Für die Weinsoße erhitzt man einen Viertelliter Rotwein, am besten Bordeaux, mit 2 Eßlöffeln Zucker, einer halben Stange Zimt, einer Gewürznelke und etwas Zitronenschale.

P. S. zum Plumpudding:
Statt Kalbsnierenfett kann man auch Rindernierenfett verwenden, wenn man es gut auskocht, oder auch Butter.

Quittenschnitten, auch Quittenwürstchen oder Quittenspeck genannt

Nicht vergessen: Viel Geduld und echter, grober Kristallzucker

Quittenschnitten sollten auf keinem Weihnachtsteller fehlen und sind genau wie Marzipan eine willkommene Abwechslung neben den anderen Bäckereien.

Reife Quitten – die Betonung liegt hier wirklich auf reif – gehören dazu, sie müssen goldgelb sein und stark duften. Den richtigen Reifegrad erkennt man am besten daran, daß die Quitten anfangen, braune Flecken zu bekommen. Grüne Quitten lege man zum Ausreifen auf den Schrank in einem warmen Zimmer.

Man soll nicht zuviel Quitten auf einmal verarbeiten. Je nach Größte des Topfes, der einem zur Verfügung steht, nimmt man etwa 3 Pfund Quitten und reibt den wolligen Flaum, der die Schale bedeckt, mit einem Tuch ab. Die Quitten werden nicht geschält – gerade in der Schale steckt nämlich das köstliche Aroma –, sondern samt Schale und Kernhaus in möglichst kleine Stücke geschnitten. Die harten Quitten zerteilt man vielleicht besser zuerst mit einer grob gestellten Brotschneidemaschine in dicke Scheiben, die sich dann leichter zerkleinern lassen. Dann läßt man in einem großen Tiegel eine kleine Tasse Wasser aufkochen, gibt die kleingeschnittenen Quitten hinein und ein Drittel der vorgesehenen Zuckermenge. Um es gleich zu sagen, wie für eine Marmelade werden für Quittenschnitten Zucker und Quitten in gleicher Menge verarbeitet, das heißt, wer 3 Pfund Quitten verkocht, braucht 3 Pfund Zucker. Ein Drittel davon, nämlich ein Pfund, haben wir nun schon zu den Quitten in den Topf gegeben. Auf ganz kleiner Flamme, bei geschlossenem Topf, läßt man die Quitten nun garen, das dauert etwa 40 Minuten. Dann werden die Quitten, möglichst noch heiß, durch ein Sieb gestrichen, das feine Quittenmus kommt in den Topf zurück, der restliche Zucker wird dazugegeben und auf leisester Flamme läßt man das Ganze nun noch 3–4 Stunden im offenen Tiegel kochen. Eine genaue Zeit für diesen zweiten Kochvorgang läßt sich nicht angeben. Wichtig ist, daß man das Quittenmus öfter umrührt, damit es sich nicht ansetzt und anbrennt. Es ist dann richtig, wenn es eine tief rotbraune Farbe bekommen hat. Trotzdem wird man, bevor man den Kochvorgang abschließt, eine Gelierprobe machen und ein Löffelchen Quittenmus auf einen kalten, mit Wasser benetzten Teller geben. Nach dem Auskühlen muß die Quittenmasse eine größere Festigkeit als Marmelade haben; man könnte fast sagen, schnittfest sein. Ist dieser Grad erreicht, streicht man das heiße Quittenmus etwa fingerdick auf mit Wasser benetzte, flache Teller oder Platten. Dort muß das Quittenmus im warmen Raum mindestens 10–14 Tage trocknen und zu einer fast lederartigen rotbraunen Masse erstarren. Ist es soweit, nimmt man die Quittenmasse von der Platte und legt sie auf ein dick mit grobem Kristallzucker oder Hagelzucker bestreutes Nudelbrett, sticht Förmchen aus oder – das ist die klassische Manier – schneidet die Masse zu hübschen kleinen Rauten, die noch zusätzlich rundum in grobem Zucker gewälzt werden.

Quittenschnitten sind – wenn man sie nicht in einem kühlen, feuchten Raum lagert, wo sie Wasser ziehen würden – sehr lange haltbar, und behalten, in einer Blechdose aufbewahrt, ihr herrliches Aroma.

Rumkugeln

Nicht vergessen: bester Jamaika-Rum, geriebene Schokolade

100 Gramm ganz frische Butter wird soweit warm gestellt, daß sie zwar nicht zerläuft, sich aber leicht ganz schaumig rühren läßt. In die schaumig gerührte Butter gibt man 4 Tafeln (zu je 100 Gramm) bittere und ganz feingeriebene Schokolade (nicht Kakao) und verrührt das Ganze mit 3–4 Eßlöffeln bestem Jamaika-Rum zu einem knetfähigen Teig, den man mit feuchten Fingern zu kirschgroßen Kugeln dreht. Diese Kugeln stellt man zum Erstarren in den Eisschrank, zieht sie dann wieder durch Jamaika-Rum und wälzt sie anschließend in Schokolade-Trüffeln. Diese köstliche Leckerei muß sofort wieder in den Eisschrank, sie entwickelt nur in totaler Kälte ihr herrliches Aroma.

Haltbar ist sie durch die ihr innewohnende Butter nicht, es sei denn, man würde sie bei ziemlich tiefen Temperaturen aufbewahren.

Natürlich gibt es eine Menge von Variationsmöglichkeiten. So kann der Kern jeder Kugel eine Mandel oder eine Haselnuß sein, auch kann die Masse gevierteilte Walnußkerne umgeben. Die Kügelchen kann man auch in zerlassene Schokolade tauchen, immer ist aber wichtig, daß sie aus der Kälte direkt in den Mund kommen.

Englische Teebisquits

Nicht vergessen: Vanillezucker, Hirschhornsalz

Ein Viertelpfund Butter wird schaumig gerührt, 3 ganze Eier, 200 Gramm Zucker, 2 Tütchen Vanillezucker daruntergegeben. Nun löst man 10 Gramm Hirschhornsalz in 6 Eßlöffeln lauwarmer Milch auf und verrührt es mit dem Teig. Die Milch darf in keinem Fall zu heiß sein, sonst geht die Treibkraft des Hirschhornsalzes vorzeitig verloren. Ganz zuletzt mischt man auf dem Nudelbrett noch etwa 1¼ Pfund Mehl darunter und verknetet alles tüchtig. Der Teig wird sehr dünn ausgewalkt, ausgestochen und goldgelb gebacken bei einer Temperatur von etwa 175 Grad.

Weihnachtspudding, auch »Mohr im Hemd« genannt

Dieser Weihnachtspudding ist eine Leckerei für all diejenigen, denen Plumpudding zu schwer im Magen liegt.

Nicht vergessen: bittere Schokolade, Vanillezucker

70 Gramm Butter wird sehr schaumig gerührt, nach und nach gibt man dann 5 Eidotter, 90 Gramm Zucker und 90 Gramm geriebene, ungeschälte Mandeln dazu und schließlich eine 100-Gramm-Tafel feinster, bitterer Markenschokolade, die man auf dem Reibeisen kleingerieben hat. Diese Zutaten werden gut vermischt und dann der Schnee der 5 Eiklar locker daruntergezogen. Den Teig gibt man in eine ausgebutterte und ausgebröselte Puddingform, die man mit einem ebenfalls ausgebutterten Deckel wasserdicht verschließt. Die Form gibt man in einen passenden Tiegel und kocht den Pudding im Wasserbad etwa 45 Minuten. Dann wird die Form aus dem Wasser genommen, man läßt sie einige Minuten leicht abkühlen und stürzt den Pudding dann auf eine Platte. Er wird mit viel mit Vanille gewürzter Schlagsahne garniert und sofort gegessen.

Zimtwaffeln

Nicht vergessen: Zimt, Vanillezucker

Ein halbes Pfund Butter wird warmgestellt und sehr schaumig gerührt. Nach und nach gibt man 4 Eigelb, 200 Gramm Zucker und ein Tütchen Vanillezucker dazu und verrührt alles noch einmal so lange, bis sich Butter, Ei und Zucker zu einer dicken Creme verbunden haben. Dann gibt man 200 Gramm abgezogene und feingeriebene Mandeln dazu, eine Prise Salz, 4 Teelöffel Zimt und nach und nach ein gutes Pfund Mehl. Den weichen Teig läßt man zugedeckt eine Stunde im kühlen Raum stehen, dann rollt man daraus walnußgroße Bällchen und drückt sie in das erhitzte, mit Butter ausgestrichene Waffeleisen. Zimtwaffeln sollen im Waffeleisen nicht braun braten, sondern nur aufgehen und garen. Die heißen Waffeln werden mit grobem Zucker bestreut und sind heiß und kalt gegessen eine Delikatesse.

Käseplätzchen

Nicht vergessen: Kümmel, Paprika

Zu keiner Zeit im Jahr lechzt man so sehr nach Saurem bzw. Salzigem wie in der Zeit, in der einem mit Süßem der Magen vollgestopft ist. Darum seien hier in diesem Weihnachtsbuch einige sauer-salzige Gebäcke nicht vergessen.

Ein halbes Pfund Mehl gibt man zusammengehäuft auf das Nudelbrett und verknetet es mit 200 Gramm feingeriebenem Emmentaler, 200 Gramm kleingeschnittener Butter und 2 Eiern zu einem Teig, den man mit Salz und 2 Teelöffeln Kümmel würzt. Diesen Teig läßt man im kühlen Raum eine Stunde kalt stehen und rollt ihn dann messerrückendick aus. Mit dem Teigrädchen oder einigen Förmchen rollt oder sticht man den Teig aus, bestreicht ihn dünn mit verklopftem Eigelb, gibt wieder etwas Kümmel darüber und nach Belieben eine Prise Salz, und bäckt diese Käseplätzchen bei zarter Hitze im Rohr goldgelb.

Quarkmonde

Nicht vergessen: Kümmel, Paprika, Parmesan

Ein Pfund Mehl wird mit einem halben Päckchen Backpulver gut durchgesiebt und im Haufen auf das Nudelbrett gegeben. In eine Mulde kommen 3 Eidotter, 300 Gramm Quark, ein halbes Pfund in kleine Stückchen geschnittene Butter, ein Eßlöffel Kümmel, eine tüchtige Prise Salz, ein Eßlöffel Rosenpaprika. Alles wird zu einem festen Teig verknetet, den man zugedeckt eine Stunde ruhen läßt. Dann wird der Teig auf dem bemehlten Nudelbrett einen knappen halben Zentimeter dick ausgerollt und mit Blechförmchen Monde ausgestochen, die man mit zerklopftem Eigelb bestreicht und mit Parmesan überstreut. Die Quarkmonde werden im vorgeheizten Rohr bei etwa 200 Grad knapp eine halbe Stunde goldgelb gebacken.

Salzstangen

Nicht vergessen: Kümmel, Paprika, Parmesan, saure Sahne

Auf das Nudelbrett gibt man 250 Gramm Mehl, 150 Gramm Butter, 2 Eidotter, einen Eßlöffel saure Sahne, Salz, einen Teelöffel Paprika, einen Eßlöffel geriebenen Parmesan und einen Eßlöffel Kümmel und verknetet das Ganze zu einem festen Teig, den man eine Stunde zugedeckt im kühlen Raum ruhen läßt. Auf dem Nudelbrett rollt man diesen Teig etwa 3 mm dick aus und schneidet ihn zu 8 cm langen und 2 cm breiten Stängelchen, die mit zerklopftem Eigelb bestrichen, mit Salz und gehackten, geschälten Mandeln bestreut und goldgelb gebacken werden.

Altenglischer Teepunsch

Nicht vergessen: schwarzer Tee, Arrak, Zitrone, Orange, Zimt, Nelken

Zum Abschluß dieses Buches sei hier noch ein altes Punschrezept aufgeschrieben, denn ein würzig duftender Punsch, zu später Stunde getrunken, rundet den feinen Geschmack der Bäckereien erst richtig ab.
Auf 5 Flaschen Rotwein gerechnet gibt man 400 Gramm Zucker in einen großen Topf und läßt den Zucker honiggelb zerschmelzen (unter ständigem Rühren – nicht zu große Hitze zu Beginn). Den karamelisierten Zucker gießt man mit 5 Flaschen Rotwein, der nicht zu süß sein soll, auf. Je besser der Rotwein, desto besser der Punsch, womit gesagt sein möge, daß man für edlen Punsch nicht immer nur den billigsten Rotwein verwenden soll. Nun bringt man im Teekessel Wasser zum Kochen und überbrüht 6 gehäufte Eßlöffel schwarzen Tee, am besten Ceylon, mit einem guten Liter kochendem Wasser. Diesen Teeaufguß läßt man mindestens 15 Minuten lang ziehen und gießt den Tee über ein Sieb in den Rotwein, alles zusammen wird auf kleiner Flamme unter ständigem Rühren erhitzt, damit sich der Zucker ganz auflöst. Als Würze gibt man hinein: 3 große Tassen feinsten Arrak, 3 Stangen Zimt, 10 Gewürznelken und 10 Würfelzuckerstücke, mit deren zwei man die Schale einer Zitrone, mit den restlichen 8 die Schalen von Orangen oder besser noch Mandarinen abgerieben hat, so daß sie ganz vollgesaugt sind vom Schalenaroma der Zitrone und der

Mandarinen. Schließlich gibt man noch den Saft von 5 großen, süßen Orangen in den Punsch und erhitzt das Ganze. Kochen darf der Punsch selbstverständlich nicht, aber er muß lange genug bei einer Temperatur zwischen 80 und 90 Grad zugedeckt ziehen, damit die Gewürze ihr Aroma richtig entfalten können. Wer den altenglischen Teepunsch süßer liebt, als hier angegeben, wird mit Zucker abschmecken. Einen etwas drastischeren Geschmack erreicht man, wenn man den Zucker – natürlich ohne ihn anbrennen zu lassen – über die Honigfarbe hinaus tiefbraun karamelisieren läßt. Die Süßkraft vermindert sich bei stark braunem Zucker allerdings nicht unerheblich.

Kein harmloser Punsch! Er schmeckt vor allem so köstlich, daß man die Promille gar nicht merkt, die man trinkt. Wer diesen Punsch verdünnen will, nimmt mehr schwarzen Tee und mehr Orangensaft als angegeben.

Marillenringe

120 g Zucker mit 250 g Butter auf dem Nudelbrett verarbeiten und das Abgeriebene einer Zitrone dazugeben. Nun mischt man noch ein Eigelb darunter und zuletzt 400 g gesiebtes Mehl. Diesen Teig etwas kühl stellen und dann nicht zu dünn ausrollen. Gleichgroße Plätzchen und Ringe ausstechen und bei milder Hitze backen. Dann jeweils ein Plätzchen und einen Ring mit Aprikosenmarmelade zusammensetzen, mit Puderzucker besieben und in die Mitte erhitzte Aprikosenmarmelade einfüllen.

Arrakbrezeln

200 g Butter wird mit 100 g Puderzucker gut verarbeitet und mit etwas Zitronen-Abgeriebenem und einer Prise Salz gewürzt. Dann 2 Eigelb daruntermischen und zuletzt 360 g Mehl darunterwirken. Den Teig kühl einige Stunden lagern und dann zu dünnen Rollen formen und daraus Brezeln auf das Backblech legen. Bei Mittelhitze backen, und noch heiß werden sie mit aufgekochter Aprikosenmarmelade bestrichen. Dann bereiten wir aus Puderzucker und Eiweiß eine Glasur, die wir sehr stark mit Arrak abschmecken und tauchen darin die Brezeln, die wir dann auf ein Gitter zum Abtropfen und Trocknen legen.

Früchtetaler

125 g Butter, 125 g Zucker, 1 Päckchen Vanillinzucker und 1 Ei verkneten. 200 g Mehl, 50 g Speisestärke und 1 gestr. Teel. Backpulver sieben und nach und nach darunterkneten. Daraus ca. 2 cm dicke Rollen formen, in Alufolie wickeln und 1–2 Stunden in den Kühlschrank legen. Mit einem Messer $^{1}/_{2}$ cm dicke Scheiben abschneiden. Diese mit 125 g kandierten Früchten belegen und auf ein Backblech geben. Im vorgeheizten Backofen bei 175–200 Grad ca. 10 Minuten backen.

Weihnachtsfiguren

250 g Butter, 150 g Zucker, 1 Msp. Salz, abgeriebene Schale von 1 Zitrone und 1 Ei verkneten. 500 g Mehl sieben und nach und nach darunterkneten. Daraus eine Kugel formen, in Alufolie wickeln und 1–2 Stunden in den Kühlschrank legen. Teig dünn ausrollen und Figuren ausstechen oder -schneiden. Auf ein Backblech legen und im vorgeheizten Backofen bei 175–200 Grad 8–10 Minuten backen. 125 g Schokoladen-Fettglasur im Wasserbad schmelzen. 2 Bl. Eiweiß und 40 g Puderzucker sehr gut verrühren. Die erkalteten Figuren mit Schokoladen-, Eiweißglasur oder einem Eigelb bestreichen und mit gehackten Pistazien, Silberkugeln und Mandelhälften belegen. Der Eiweißglasur können auch einige Tropfen ungiftige Lebensmittelfarbe untergerührt werden.

Baiserringe

3 Eiweiß sehr steif schlagen. Unter ständigem Schlagen langsam den gesiebten Puderzucker (150 g) zugeben. Den Eischnee in drei Tassen verteilen und zwei Portionen mit je einigen Tropfen Speisefarbe verrühren. In einen Spritzbeutel füllen und auf ein mit Alufolie belegtes Backblech Kreise, Kringel u. ä. spritzen. Nach Belieben verzieren. Im vorgeheizten Backofen bei 120–150 Grad trocknen lassen. Ergibt ca. 30 Ringe.

Weihnachtsbrot

Ein Rezept, wie es in der Schweiz und Österreich zu Weihnachten gebacken wird. 1 kg Mehl wird in eine Schüssel gesiebt, 40 g Hefe wird in eine Vertiefung des Mehles gebröckelt und mit 3/8 l lauwarmer Milch aufgelöst. Diesen Vorteig läßt man 15 Minuten gehen. In der Zwischenzeit löst man 200 g Butter auf, gibt 1/2 Teel. Salz, 100 g Zucker, das Abgeriebene 1/2 Zitrone und 3 ganze Eier hinzu und vermischt die Zutaten, die man dann in den Vorteig gibt. Jetzt wird davon ein trockener Hefeteig geknetet, den man nochmals 15 Minuten gehen läßt. 80 g gehackte Mandeln, 50 g Pinienkerne, 50 g kandierte Kirschen, 100 g Zitronat, 100 g Korinthen und 100 g Sultaninen werden kleingehackt und mit 1 Schuß Rum aromatisiert. Die Früchtemischung 2–3 Stunden ziehen lassen, bevor sie unter den fertigen Teig gewirkt wird. Davon formt man dann 2 runde Laibe, die man auf das Backblech setzt und die Oberfläche mit Wasser bestreicht. Nochmals 10–15 Minuten gehen lassen und dann bei 220 bis 230 Grad backen. Die Backzeit beträgt ungefähr 40 Minuten, doch sollte man unbedingt mit der Stäbchenprobe prüfen. Noch heiß werden die Brote mit flüssiger Butter bestrichen und mit einer Mischung aus Vanillezucker und normalem Zucker bestreut und darüber noch leicht Puderzucker gesiebt.

Schweizer Birnenwecken

500 g Mehl in eine Schüssel sieben, darin eine Vertiefung machen, 20 g Hefe hineinbröckeln und mit 1/4 Liter lauwarmer Milch auflösen. Diesen »Ansatz« 1/4 Stunde gehen lassen und dann 80 g flüssige, aber nicht heiße Butter, 1 Teel. Salz, 50 g Zucker und 1 Ei zugeben. Von diesen Zutaten einen trockenen Hefeteig kneten, den man nochmals zum Gehen an einen warmen Ort stellt. Für die Füllung werden 300 g getrocknete Birnen, 100 g getrocknete Pflaumen, 100 g getrocknete Feigen, 100 g getrocknete Äpfel, 100 g Zitronat und 50 g Mandeln und 50 g Haselnüsse sehr klein gehackt. Diese Früchtemischung wird mit 1 gestrichenen Teel. Zimt, 1 Messerspitze geriebener Nelken und 1 Gläschen Kirschwasser sowie 2–3 Eßl. Sahne vermischt. Die Früchte einige Stunden ziehen lassen, bevor man sie auf den zu einem Rechteck ausgerollten Hefeteig streut. Nun wird diese Teigplatte mit den Früchten wie eine Roulade aufgerollt und in der Mitte einmal geteilt. Die Birnenwecken werden bei 220 Grad 50–60 Minuten gebacken.

Polnischer Mandelzwieback

6 Eier mit 250 g Zucker, dem Inneren 1/2 Stange Vanille und 1 Prise Salz mit dem Schneebesen zu einer luftigen Masse schlagen. 250 g Mehl und 150 g geschälte, geriebene Mandeln unter die Masse ziehen und in einer gebutterten und mit Bröseln ausgestreuten Kastenform backen. Backzeit bei 200 Grad ca. 30–40 Minuten. Diesen Mandelkuchen mindestens 1–2 Tage stehenlassen, bevor er in Scheiben geschnitten wird und dann bei 180 Grad auf dem Ofenblech im Ofen auf beiden Seiten hellbraun geröstet wird. Eine Seite mit Zuckerglasur, die man mit etwas Zitronensaft gesäuert hat, bestreichen.

Eigelbmakronen

500 g Marzipan-Rohmasse, 5 Eigelb, 250 g Zucker, das Abgeriebene 1 Zitrone und 1 Prise Zimt. Diese Zutaten zu einem Teig verarbeiten und mit dem Spritzbeutel und der Sterntülle auf Oblaten spritzen. Die Formen bleiben Ihrer Phantasie überlassen, und die Makronen kann man vor dem Backen mit Mandeln, Nüssen, kandierten Kirschen usw. belegen. Bei 200 Grad backen.

Mandelknacker

250 g Zucker, 150 g Butter und 100 g Honig in einer Kasserolle schmelzen und 3–4 Minuten kochen. Dann gibt man 400 g abgezogene, halbierte Mandeln darunter. Ein Backblech fetten und mit Mehl bestauben und darauf diese Masse in 20 Häufchen verteilen und zu kleinen Fladen auseinanderdrücken. Nun werden die Mandelknacker bei 200 Grad gebacken, bis sie auseinanderlaufen. Mit einem in kaltes Wasser getauchten, umgedrehten Glas zieht man dann die Mandelknacker zur ursprünglichen Größe zusammen, bäckt sie, bis sie schön goldbraun sind und falls sie nochmals auseinanderlaufen, zieht man sie zum Schluß nochmal zusammen. Mit einem Messer noch warm vom Blech lösen und wenn sie erkaltet sind, kann man die Rückseite mit aufgelöster Schokolade bestreichen.

Bethmännchen

Diese Frankfurter Marzipanspezialität wird folgendermaßen hergestellt: 300 g Marzipan-Rohmasse mit 1 Ei, 80 g Puderzucker, 1 gestrichenen Eßlöffel Mehl und 50 g geriebene Mandeln zu einem glatten Teig verarbeiten und daraus kleine Kügelchen formen. Sofort 4 halbierte Mandeln seitlich andrücken und die Köpfe mit Eigelb bestreichen. Bei 200 Grad hellgelb backen.

Nußsterne

250 g Butter, 200 g Puderzucker, 1 Eigelb und das Innere 1/2 Stange Vanille werden auf dem Backbrett glatt verarbeitet, und dazu gibt man dann 300 g gesiebtes Mehl und 200 g geriebene Haselnüsse. Davon einen Mürbteig kneten, etwas kühl stellen und dann nicht zu dünn ausrollen. Sternchen ausstechen und bei 190 Grad goldgelb backen. Nußglasur (man kann sie fertig kaufen) auflösen, die Sternchen darin tunken und zur Hälfte in Schokoladen-Streusel drücken.

Gefüllte Mandelmakronen

5 Eiweiß, 300 g Zucker, 100 g geriebene Mandeln und 300 g Marzipan-Rohmasse zu einer glatten Masse rühren, mit dem Spritzbeutel und Lochtülle runde Häufchen aufspritzen. Mit Zucker werden die Makronen bestreut und bei 190 Grad hellbraun gebacken. Es empfiehlt sich, zuerst eine Probemakrone zu backen und falls der Teig etwas läuft, noch geriebene Mandeln zuzusetzen. Von den abgekühlten Makronen werden dann je 2 mit aufgelöstem Nugat zusammengesetzt.

Alphabetisches Verzeichnis der Rezepte